高等职业院校旅游类专业工作手册式立体化教材
北京市特色高水平院校建设项目
校企合作工学结合项目化教材

AI

智慧时代
旅行社经营管理

主编 范薇 栾玲 刘海英

重庆大学出版社

内容简介

本教材采用"项目"和"典型工作环节"的框架结构,结合旅行社经营管理的业务实际操作流程,将传统旅行社经营管理的内容重新编排,选用了旅行社经营管理中最典型、实操性最强的三个项目,包括旅行社设立及综合管理、旅行社采购业务和旅行社产品营销。每个项目下安排了五个典型工作环节,每个环节里都有数量不一、内容不一的任务单,业务流程一目了然,职业针对性强,通过任务驱动法,使学习者有所收获,符合学生的认知规律,有利于更好地培养学生的职业技能和综合素质。

本教材为旅游管理专业核心课教材,也可作为旅游从业人员的培训和参考用书。

图书在版编目(CIP)数据

智慧时代旅行社经营管理 / 范薇,栾玲,刘海英主编. -- 重庆:
重庆大学出版社,2023.7
ISBN 978-7-5689-3627-9

Ⅰ.①智… Ⅱ.①范… Ⅲ.①旅行社—企业经营管理
—高等职业教育—教材 Ⅳ.①F590.654
中国版本图书馆CIP数据核字(2022)第224941号

智慧时代旅行社经营管理

ZHIHUI SHIDAI LÜXINGSHE JINGYING GUANLI

主 编 范 薇 栾 玲 刘海英
策划编辑:尚东亮

责任编辑:尚东亮 版式设计:尚东亮
责任校对:关德强 责任印制:张 策

*

重庆大学出版社出版发行
出版人:饶帮华
社址:重庆市沙坪坝区大学城西路21号
邮编:401331
电话:(023)88617190 88617185(中小学)
传真:(023)88617186 88617166
网址:http://www.cqup.com.cn
邮箱:fxk@cqup.com.cn(营销中心)
全国新华书店经销
重庆市国丰印务有限责任公司印刷

*

开本:787mm×1092mm 1/16 印张:13.5 字数:282千
2023年7月第1版 2023年7月第1次印刷
印数:1—2 000
ISBN 978-7-5689-3627-9 定价:48.00元

旅游业作为"朝阳产业"，已成为我国重要的经济增长点，而旅行社在整个旅游业中起着桥梁和纽带的作用。当今社会已经步入"智慧"时代，"智慧化"已经改变或正在改变着各行各业，旅游业也不例外，智慧旅游的时代已经到来。因此，传统旅行社经营管理模式也要顺应时代的发展，向智慧旅行社经营管理模式转变。智慧时代背景下旅行社经营管理的新型教材，对于利用智慧化手段进行旅行社经营管理，培养智慧时代旅行社经营管理人才起到了重要作用。

此外，本教材作为体现工作过程的活页式教材，在传播知识的同时，更为重要的特点是教给学习者"如何做"。智慧旅游时代背景下，我国旅游市场和旅行社的经营管理相比前几年又出现了许多新的变化，为适应这一变化，我们在教材内容上做了较大调整，特别是对"智慧"信息化给旅行社经营管理模式带来的影响及旅行社的应对做了更多的补充。为了使教材更好地适应行业的变化，在编写过程中力求体现如下特点：

①可读性。为方便学习者阅读和实践，本教材在每个项目前面设置了"项目导读""学习目标"和"知识地图"，在典型工作环节中设置了"典型工作描述""工作准备""工作实施"等栏目，在最后还有立体化评价体系和知识点讲解。

②创新性。传统的旅行社经营管理的教材在理论内容上有很多的重复，本教材大胆打破传统教材的体例，采用"项目"和"典型工作环节"的框架结构，不做过多的理论阐述，而是注重内容的简洁、实用。结合旅行社经营管理的业务实际操作流程，本教材将传统旅行社经营管理的内容重新编排，选用了旅行社经营管理中最典型、实操性最强的3个项目，每个项目下安排了5个典型工作环节，每个环节里都有数量不

一、内容不一的任务单，通过任务驱动法，学习者能有所收获。

③前沿性。结合智慧旅游的时代背景，本教材既有编者们多年的教学和实践经验的积累，同时也吸收借鉴了行业专家和多家国内旅行社企业一线管理人员的研究成果与管理智慧，选取的案例大多来自企业的真实工作，力求将智慧时代旅行社经营管理中最新的理念和策略传播给学习者。

本教材既可以作为高职高专院校和中职学校旅游管理类专业理论课教材，也可作为专业实习实训指导手册。

本教材由北京工业职业技术学院范薇、栾玲、刘海英任主编。特别感谢誉美国际旅行社总经理武裕生对本教材的编写工作提出了许多有价值的建议。

本教材在编写过程中，参考和借鉴了旅游业界诸多同行和专家的研究成果，在此一并表示感谢。

受时间和编者水平的限制，本教材尚有许多不足之处，敬请专家和读者指正。

编　者

2022年8月

目 录
Contents

项目一
旅行社设立及综合管理

≫ 项目导读

现如今，智慧时代已经来临，旅行社作为旅游行业中的核心组成部分，也是旅游行业独立存在的标志。一个智慧时代管理、设置科学的旅行社，能最大限度发挥整体优势，提升经济效益。那么什么是智慧时代旅行社？怎样申办一家智慧时代旅行社？如何设置智慧时代旅行社的部门？如何编制智慧时代旅行社的组织管理制度？这些看似简单的问题其实都不简单。本项目学习要依据国家的政策和法律规定，还要依据旅游市场的发展状况，学习智慧时代旅行社设立的条件和程序，申办智慧时代旅行社分社、服务网点的程序，智慧时代旅行社的部门设置，编制智慧时代旅行社的组织管理制度等内容。学完这个项目，你将会对智慧时代旅行社有一个全新的认识。

≫ 学习目标

学习申办智慧时代旅行社、分社、服务网点的程序，设置智慧时代旅行社的部门，编制智慧时代旅行社的组织管理制度。

≫ 知识地图

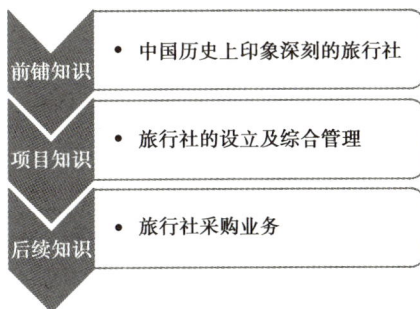

典型工作环节一　设立前准备

姓名：　　　　　　　班级：　　　　　　　日期：

✕ 典型工作描述

依据国家的政策和法律规定，还要依据旅游市场的发展现状，既要符合设立旅行社的法定条件，还要考虑其他重要因素，这些因素关系到旅行社在设立之后能否顺利运营，本环节学习如何具备设立旅行社的条件。

学习目标

1.设立智慧时代旅行社的条件；

2.能综合考虑旅游市场的发展现状，申请设立经营国内旅游业务和入境旅游业务的条件准备，申请经营出境旅游业务条件准备。

任务书

根据《旅游法》《旅行社条例》《旅行社条例实施细则》的规定，依据学过的知识分析旅行社设立前的准备。明确申请设立经营国内旅游业务和入境旅游业务的旅行社，在取得经营许可证至少两年以后，才可能申请经营出境旅游业务。

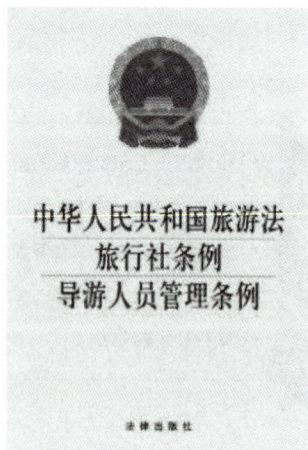

中华人民共和国旅游法
旅行社条例
导游人员管理条例

法律出版社

🐾 任务分组

学生任务分配表

班级		组号		指导教师	
组长		学号			
组员		学号			
		学号			
		学号			
		学号			
		学号			
		学号			
		学号			
		学号			

任务分工

🖳 工作准备

1.阅读工作任务书，再次熟悉设立智慧时代旅行社的一般条件。

2.查阅《旅游法》《旅行社条例》《旅行社条例实施细则》的规定。

3.准备申请设立旅行社国内旅游业务、入境旅游业务、出境旅游业务相关知识。

⊞ 工作实施

（1）设立旅行社应考虑的因素

★ 引导问题1：目前是旅行社设立和发展的机遇期吗？

○ 课堂讨论

材料一： 2020年全年国内游客28.8亿人次，比上年下降52.1%。其中，城镇居民游客20.7亿人次，下降53.8%；农村居民游客8.1亿人次，下降47.0%。国内旅游收入22 286亿元，下降61.1%。城镇居民游客花费17 967亿元，下降62.2%；农村居民游客花费4 320亿元，下降55.7%。

材料二： 2019年全年国内游客60.1亿人次，比上年增长8.4%；国内旅游收入57 251亿元，增长11.7%。入境游客14 531万人次，增长2.9%。其中，外国人3 188万人次，增长4.4%；香港、澳门和台湾同胞11 342万人次，增长2.5%。在入境游客中，过夜游客6 573万人次，增长4.5%。国际旅游收入1 313亿美元，增长3.3%。国内居民出境16 921万人次，增长4.5%。因私出境16 211万人次，增长4.6%；赴港澳台出境10 237万人次，增长3.2%。

资料来源:中华人民共和国2019年国民经济和社会发展统计公报。国家统计局官方网站，2020-02-28。

材料三：旅游日益成为我国人民日常生活中的重要组成部分，越来越多的人开始把旅游当作一种生活方式，参与旅游活动已成为人们生活质量提高的一种象征。旅游业也已成为我国的战略性支柱产业，并始终保持着快速发展势头。2018年，旅游业综合贡献9.94万亿元，对国民经济的综合贡献达11.04%，对住宿、餐饮、民航、铁路客运业的贡献超过80%。旅游成为衡量现代生活水平的重要指标，成为人民幸福生活的刚需。

材料四：世界旅游业理事会测算，2015年旅游业对全球国内生产总值（GDP）的综合贡献为7.8万亿美元，占全球国内生产总值的10%。旅游业创造2.84亿个就业岗位，占就业总量的9.5%。

参考上述4则材料进行判断：你觉得目前是旅行社设立和发展的机遇期吗？

小知识
①中国旅行社的产生与发展。
②旅行社的权利和义务。
③旅行社的法律责任。

★ 引导问题2：我们为什么认为古代没有旅游业？

材料一：古代早就出现了客舍、客栈，如唐代的王维就曾写下"客舍青青柳色新"这样清新的诗句；古代也早就有了景点，如唐代李白曾写下《望庐山瀑布》，北宋文学家苏轼曾写下《石钟山记》，王安石也曾写下《游褒禅山记》；古代肯定已有了旅游行为，如明代徐霞客就曾创作了一部散文游记《徐霞客游记》，古代有没有旅游业呢？

材料二：事实上，在托马斯·库克以前，世界上已经存在为别人安排旅行的组织和个人，如德国出版商卡尔·贝德克尔（Karl Baedeker）编写并出版了旅行指南，英国人托马斯·贝纳特（Thomas Bennett）组织了个人包价旅游，但与托马斯·库克不同的是，他们都没有将组织旅行活动作为自己的正式职业，托马斯·库克才是世界上第一位专职的旅行代理商，他也被认为是世界旅游业的创始人。

分析：旅游行为的存在和旅游业的存在是两回事。古代确实存在客栈、景点和旅游行为，但却没有上升到一种产业的高度。最重要的是，古代没有专门为游客服务、在旅游业各部门之间起着桥梁和纽带作用的机构，因此，大家普遍认为，旅游业的存在只是近代以后的事情。因此，英国的托马斯·库克才被认为是世界旅游业创始人。这也证明旅行社在旅游业的开创过程中的重大意义。

小知识

①智慧时代旅行社的产生与人类的旅行活动有关；

②智慧时代旅行社的出现视为旅游业开始的标志。

（2）设立智慧时代旅行社的一般条件准备

★引导问题3：如何选定固定的营业场所？

营业场所是企业从事生产经营活动的主要地方。旅行社的经营必须有固定的营业场所。这种场所，可以是旅行社拥有的固定资产，也可以是旅行社长期租用的他人的场所（租赁期至少为一年），对营业场所的面积大小没有强制性规定，通常认为，旅行社的营业场所用房面积只要能够满足旅行社的业务发展需要即可。各旅行社可根据自己的经营范围、业务量大小来选择足够自己正常营业的用房面积。

小知识

①固定营业场所；

②智慧时代旅行社的基本业务。

★引导问题4：必要的营业设施有哪些？

小知识

旅行社至少要具有下列设施、设备：两部以上的直线固定电话，传真机、复印机，具备与旅游行政管理部门及其他旅游经营者联网条件的计算机。

★引导问题5：智慧时代旅行社注册资本规定的数额是多少？

小知识

资金的筹措是设立旅行社最为关键的条件，也是旅行社设立和进行经营活动的前提。根据规定，设立旅行社应有一定数额的注册资本。旅行社注册资本是指旅行社成立时所填报的财产总额，包括旅行社用于正常经营活动所应拥有的固定资金和流动资金。《旅行社条例》规定，设立国内旅行社注册资本不少于30万元人民币，设立国际旅行社注册资本不少于150万元人民币。

★引导问题6：智慧时代有哪些必要的经营管理人员和导游？

案例：A旅行社有1 000名在职员工，A旅行社至少应有多少名签订了劳动合同并持有导游证的导游？ B旅行社有10名在职员工，B旅行社至少应有多少名签订了劳动合同并持有导游证的导游？

参考答案：A旅行社至少应有200名签订了劳动合同并持有导游证的导游，B旅行社至少应有3名签订了劳动合同并持有导游证的导游。

小知识

必要的经营管理人员是指具有旅行社从业经历或者相关专业经历的经理人员和计调人员，必要的导游是指不低于旅行社在职员工总数20%且不少于3名、与旅行社签订劳动合同的持有导游证的导游。

★ 引导问题7：需要上缴多少旅游服务质量保证金？

材料一：质量保证金属于旅行社所有，只是被限定了用途。在下列情况下，旅游行政管理部门可以使用旅行社的质量保证金。

①旅行社违反旅游合同约定，侵害旅游者合法权益，经旅游行政管理部门查证属实的。

②旅行社因解散、破产或者其他原因造成旅游者预交旅游费用损失的。

③用以垫付旅游者人身安全遇有危险时紧急救助费用的。

此外，人民法院判决，以及其他生效法律文书认定旅行社伤害旅游者合法权益，旅行社拒绝或无力赔偿的，人民法院可以从旅行社的质量保证金账户上划拨赔偿款。

小知识

旅游服务质量保证金是由旅行社在指定银行缴存或由银行担保提供的用于保障旅游者合法权益的专用款项。

保证金的缴纳标准。经营国内旅游业务和入境旅游业务的旅行社，在设立的过程中，应当在相应的银行开设专门的质量保证金账户，存入质量保证金20万元（或者提供一定额度的银行担保）；经营出境旅游业务的旅行社，应当增存质量保证金120万元。旅行社设立分社还需要另外增存保证金。保证金的具体缴纳标准如表1.1所示。

表 1.1　旅行社质量保证金的存缴

适用情况	质量保证金存缴情况
申请设立具有国内游、入境游业务的旅行社	交存 20 万元
申请设立具有出境游业务的旅行社	增存 120 万元
申请设立一个经营国内游、入境游业务的分社	增存 5 万元
申请设立一个经营出境游业务的分社	增存 30 万元
申请设立一个经营国内游、入境游和出境游业务的分社	增存 35 万元

质量保证金的减存和退还。旅行社自交纳或者补足质量保证金之日起3年内未因侵害旅游者合法权益受到行政机关罚款以上处罚的，旅游行政管理部门应当将旅行社质量保证金的交存数额降低50%。如果旅行社不再从事旅游业务，可以凭旅游行政管理部门出具的凭证，向银行取回质量保证金。

（3）旅行社申请经营出境旅游业务的条件

★ 引导问题8：申请经营出境旅游业务的条件准备。

小知识

不是所有的旅行社都能经营出境旅游业务，旅行社申请经营出境旅游业务应具备下列条件：

①取得经营许可满两年。

②未因侵害旅游者合法权益受到行政机关罚款以上处罚。

③增存旅游服务质量保证金120万元（总额达到140万元）。

● 评价反馈

（1）学生自我评价

学生自评表

班级：　　　　　　　　　姓名：　　　　　　　　学号：

评价项目	评价标准	分值	得分
旅行社设立和发展的机遇期	1.《旅行社条例》规定；2. 准确判断	9	
旅行社是旅游业开始的标志	1.《旅游法》规定内容；2. 准确分析	9	
固定营业场所	运用原理准确分析	9	
必要营业设施	运用原理准确分析	9	
规定数额的注册资本	运用原理准确分析	9	
经营管理人员和导游	运用原理准确分析	9	
旅游服务质量保证金	运用原理准确分析	9	
申请出境业务的条件准备	1.《旅行社条例》规定；2. 准确分析	7	
工作态度	态度端正，无缺勤、迟到、早退现象	6	
工作质量	能按计划完成工作任务	6	
协调能力	与小组成员、同学之间能合作交流，协调工作	6	
职业素质	能做到细心、严谨	6	
创新意识	材料及案例分析过程中有独到见解	6	
合计		100	

（2）学生互评

学生互评表

评价项目	分值	等级							评价对象（组别）					
									1	2	3	4	5	6
计划合理	10	优	10	良	9	中	7	差	6					
团队合作	10	优	10	良	9	中	7	差	6					
组织有序	10	优	10	良	9	中	7	差	6					
工作质量	20	优	20	良	18	中	14	差	12					
工作效率	10	优	10	良	9	中	7	差	6					
工作完整	10	优	10	良	9	中	7	差	6					
工作规范	10	优	10	良	9	中	7	差	6					
成果展示	20	优	20	良	18	中	14	差	12					
合计	100													

（3）教师评价

教师评价表

班级：		姓名：		学号：	
项目一 旅行社设立及综合管理		**典型工作环节一 旅行社设立准备**			
评价项目		评价标准		分值	得分
考勤（10%）		无迟到、早退、旷课现象		10	
工作过程（60%）	旅行社设立和发展的机遇期	1.《旅行社条例》规定；2. 准确判断		6	
	旅行社是旅游业开始标志	1.《旅游法》规定内容；2. 准确分析		6	
	固定营业场所	运用原理准确分析		6	
	必要营业设施	运用原理准确分析		6	
	规定数额的注册资本	运用原理准确分析		6	
	经营管理人员和导游	运用原理准确分析		6	
	旅游服务质量保证金	运用原理准确分析		6	
	申请出境业务准备	1.《旅行社条例》规定；2. 准确分析		6	
	工作态度	态度端正，工作认真、主动		4	
	协调能力	能按计划完成工作任务		4	
	职业素质	与小组成员、同学之间能合作交流，协调工作		4	
项目成果（30%）	工作完整	能按时完成任务		10	
	工作规范	能按原理完成计算和案例分析		10	
	成果展示	能准确表达、汇报工作成果		10	
合计				100	
综合评价	学生自评（20%）	小组互评（30%）	教师评价（50%）	综合得分	

🏠 拓展思考题

2021年7月，旅游团在浙江沿海旅游胜地观光，导游带着大家来到海边欣赏海滩风光。导游讲解完后，游客开始自由活动，导游指着一块"严禁入内拍照"的警示牌对大家说："请遵守景区规定，不要越过警示牌站在礁石上拍照。"但还是有3个年轻人趁着导游不注意越过了警示牌，站在礁石上拍照。这时，一股海浪猛地打了过来，3个年轻人被海浪卷入海中，其中2人又被海浪冲上岸来，另1人再也没有上岸。

旅行社要不要对死者承担责任？

分析：景区已对危险区域做出明确的警示，旅行社导游也事先做出了警告。游客不听劝告，擅自进行危险活动造成死亡的后果，是游客自己的过失造成的，旅行社可以不承担责任，但旅行社应积极协助死者家属向保险公司索赔。

📖 相关步骤

步骤1：智慧时代旅行社的行业特点

智慧时代旅行社是一种服务型企业，并且是一种很特别的服务型企业，它有着与其他服务型企业不同的地方，概括起来，旅行社的行业特点主要体现在下列方面。

1.属于劳动密集型企业

有一种误解，认为旅行社不是劳动密集型企业，其实不然。旅行社提供给旅游者的归根到底是一种服务，从设计旅行社产品、销售产品、为旅游者安排旅行和游览，到提供向导、讲解和旅途照料等，都需要旅行社员工的参与。导游只是旅行社员工当中的一种，因为导游直接面对游客，所以很多人把导游数量等同于旅行社员工的数量。事实上，在后台工作的旅行社员工的数量可能是导游数量的好几倍。对于一家旅行社来说，在营业中原材料的成本很少，而员工工资成本往往在全部成本中占有较高的比例，因此，我们说旅行社仍然是劳动密集型企业。

2.要求较高的知识及技能

智慧时代旅行社工作不是一般的简单操作，而是一项需要有丰富的知识和高超技能的工作，比如说，导游工作就涉及讲解、翻译、向导、生活服务、政策宣传和财务统计等方面，这些工作每一项都不简单。导游接待过程中各种难以预料的突发性事件时有发生，再加上导游接待服务的对象是旅游者，他们的文化程度、欣赏水平、年龄、职业等存在差异，对导游接待服务的要求也不同，这些因素的存在都对导游人员的知识和技能方面提出了更高要求。就知识面来说，旅行社接待服务人员不仅需要掌握丰富的历史、地理、文学、艺术等方面的知识，还需要懂得旅游心理学，了解各国旅游者的风俗习惯和兴趣爱好。因此，无论是旅行社的管理人员、产品开发设计人员、旅游服务采购人员，还是导游人员，都必须接受比较系统的专业教育，从事入境旅游和出境旅游业务的旅行社员工通常还必须能够熟练地运用至少一门外语。我国的有关法规也对旅行社的管理人员和导游人员的学历做出了明确的要求。尽管与发达国家相比，我国旅行社从业人员的受教育程度依然偏低，但与我国其他旅游行业从业人员相比，旅行社从业人员的受教育程度是比较高的。

3.较少的资金投入

智慧时代旅行社的建立和经营无须太多的资金投入。就营业场所来说，旅行社可以租用，并不一定要对营业场所拥有产权，甚至也没有规定要有多大面积的场所，只要够用即可。就办公设备来说，现行法规对旅行社的要求并不高，没有要求旅行社进行巨额的机器设备的投入。在流动资金方面，由于旅行社的接待过程一般是"先付款后接待"，因此旅行社需要垫付的资金较少。另外，我国对设立旅行社在注册资金方面的限制不大。

4.经营的依附性

智慧时代旅行社提供的产品往往具有较强的综合性，一般包括食、住、行、游、购、娱等各个方面，这么多的服务项目既不可能也没有必要由旅行社独立完成，为此，在经营过程中，旅行社需要与这些服务的提供者，如餐馆、酒店、交通运输企业、景区景点、商场等打交道，建立起广泛的协作网络。同时，旅行社还要与一些异地旅行社建立长期稳定的协作关系。这一切都说明旅行社的经营过程具有较强的依附性。

5.效益的不稳定

一方面，旅行社的效益受制于客源状况。智慧时代客源在时刻变化，这里既有规律性的淡季旺季的变化，又有旅游者个人需求的变化，还有各种自然灾害和人为因素的影响，有时一点儿人为因素都有可能导致数量上的变化。另一方面，旅行社的效益很大程度上受其他旅游企业所提供的产品和服务的价格影响，这也加大了智慧时代旅行社经营的风险，影响了智慧时代旅行社的效益。

步骤2：智慧时代旅行社的基本业务

智慧时代旅行社从事的是旅游业务，旅游活动的涉及面本来就很广泛，因此，旅行社的业务范围也非常广泛，目前，我国旅行社的基本业务有下述四类。

1.产品开发的业务

智慧时代旅行社的主要工作是以旅行社产品为媒介，为旅游者提供旅游服务，满足旅游者多种多样的旅游需求。因此，开发出适合旅游者的产品是旅行社提供服务的前提，同时也是旅行社赖以生存和发展的基础，在开发旅游产品时，旅行社需要进行充分的调查研究，科学地进行市场分析与预测，结合旅行社自身的条件和特点，开发出适销对路的产品，同时，要加强对已开发产品的检查和评估，不断对产品进行完善和改进。

2.旅游服务采购的业务

智慧时代旅行社的性质决定了旅行社经常作为中间商出现，成为旅游者与各相关旅游服务供应部门或企业的媒介。旅游者需要什么服务，旅行社就要采购什么服务，比如交通、住宿、餐饮、景点游览、娱乐等，另外，组团旅行社还需要向旅游线路沿途的各地接待旅行社采购接待服务。旅行社的采购费用往往构成了旅行社产品价格的重要组成部分。旅游服务的采购既要讲求策略，还要讲求程序和方法。

3.产品销售的业务

智慧时代旅行社开发了消费者需要的产品之后，还必须做好销售工作。旅行社只有把自己设计和生产的旅游产品销售给旅游消费者，才可能获得所期望的经营利润。旅行社的销售业务主要包括采购相关旅游服务并组合成产品、制定产品的价格、选择合适的销售渠道、制定促销策略、做好售后服务等工作。由于旅行社产品具有无形性的特点，消费者在实际消费之前很难对其质量进行评价和鉴定，这就要求旅行社重视促销工作，通过各种传播媒介，将旅游产品的有关信息迅速传递给消费者，激发消费者的购买愿望，促使消费者下决心购买。

4.接待的业务

智慧时代旅行社的接待业务主要包括为游客提供向导、讲解和旅途照料等相关服务。这一接待过程，既是旅游者消费旅游产品、实现产品效用的过程，也是旅行社供给旅游服务、实现产品价值的过程。旅行社的接待业务不仅涉及面广、技能要求高、操作难度大，而且还非常重要，它直接影响旅游者对旅游活动的感受，从而可以影响旅游者对旅行社的评价。

步骤3：智慧时代旅行社的权利

1.经营自主权利

自主经营权是每个企业法人都应具有的基本权利。一个自负盈亏、需要独立承担民事责任的企业，如果没有自主经营权，很难想象这会是怎样一种情况。旅行社的自主经营权包括生产经营决策权、产品定价权、产品销售权、服务采购权、资产处置权、劳动用工权、内部机构设置权、拒绝摊派权等，这些权利都受到法律的保护。

2.合同签订权利

旅行社有权在自愿、平等、公平、诚实信用的原则下与旅游者个人、团体或旅游服务供应单位签订合同。在签订合同时，旅行社有权要求旅游者如实提供旅游所必需的个人信息，按时提交相关证明文件。合同签订后，旅行社有权要求旅游者按照合同的约定完成旅游活动，有权拒绝旅游者提出的超出旅游合同约定的不合理要求，有权制止旅游者违背旅游目的地的法律、风俗习惯的言行，有权要求旅游者在旅游行程中妥善保管随身物品。

在旅游过程中，当发生不可抗力，危及旅游者人身、财产安全，或者非旅行社责任造成的意外情形时，旅行社有权调整或者变更旅游合同约定的行程安排，但应当在事前向旅游者做出说明；确因客观情况无法在事前说明的，应当在事后做出说明。

当出现突发公共事件或者其他危急情形以及旅行社因违反旅游合同约定采取补救措施时，有权要求旅游者配合处理防止扩大损失，以将损失降至最低程度。

3.宣传广告权利

旅行社有权按规定进行招徕和广告宣传，以扩大影响、增加业务。

4.收费权利

作为自负盈亏的企业，收取服务费用是旅行社生存的前提。旅行社在向旅游者提供旅游服务时，有权按照国家的规定向旅游者收取服务费。

5.索赔权利

旅行社有权要求旅游者按照合同约定的时间、路线、方式进行旅游。当旅游者违约时，旅行社有权要求旅游者支付违约金。如果因旅游者的过错而给旅行社带来损失，旅行社有权要求旅游者赔偿。

步骤4：智慧时代旅行社的义务

1.合法经营

旅行社应当严格执行国家有关旅游工作的法规、政策，为旅游者安排或者介绍的旅游活动不得违反有关的法律法规规定的内容。根据《旅行社条例实施细则》第30条的规定，旅行社不得安排的活动内容主要包括：①含有损害国家利益和民族尊严内容的；②含有民族、种族、宗教歧视内容的；③含有淫秽、赌博、涉毒内容的；④其他含有违反法律、法规规定内容的。

2.诚信经营

旅行社向旅游者提供的旅游服务信息必须真实、准确，不得进行虚假宣传，误导旅游者。旅行社所做的广告也应当符合国家有关法律、法规的规定，不能进行超出核定经营范围的广告宣传。《旅游法》还规定，旅行社不得以不合理的低价组织旅游活动，诱骗旅游者，并通过安排购物或者另行付费旅游项目获取回扣等不正当利益。

3.不超业务范围经营

旅行社应当按照核定的经营范围开展经营活动。未申请经营出境旅游业务的旅行社不能开展出境旅游业务，只能开展国内旅游业务和入境旅游业务。为旅游者提供出境、签证手续等服务，也应当由具备出境旅游业务经营权的旅行社代办。经营出境旅游业务的旅行社不得组织旅游者到国务院旅游行政主管部门公布的中国公民出境旅游目的地之外的国家和地区旅游。

4.与旅游者签订旅游合同并遵守合同的约定

旅行社组织旅游者旅游，应当与旅游者签订合同，约定旅游行程安排（包括交通工具、旅游景点、住宿标准、餐饮标准、娱乐标准等）、旅游价格和违约责任等。未经旅游者同意，旅行社不得在旅游合同约定之外提供其他有偿服务。旅行社应按合同的约定履行义务，不得擅自改变合同约定的行程。旅行社及其委派的导游人员和领队人员的下列行为均属于擅自改变合同约定的行程：减少游览项目或者缩短游览时间，增加或者变更旅游项目，增加购物次数或者延长购物时间。

5.保障旅游者安全

旅行社组织旅游，应当保证所提供的服务符合保障旅游者人身、财物安全的要求。对可能危及旅游者人身、财产安全的事宜，应当向旅游者做出真实的说明和明确的警示，并采取防止危害发生的措施。对旅游地可能引起旅游者误解和产生冲突的法律规定、风俗习惯、宗教信仰等，应当事先给旅游者以明确的说明和忠告。

6.聘用合格导游和领队

旅行社组织团队出境旅游或者组织、接待团队入境旅游，应当按照规定安排领队或者导游全程陪同。旅行社聘用的导游人员、领队人员应当持有国家规定的导游证。旅行社应当与其聘用的导游依法订立劳动合同，支付劳动报酬，缴纳社会保险费用。旅行社安排导游为团队旅游提供服务的，不得要求导游垫付或者向导游收取任何费用。

7.自觉接受有关部门的监督检查

旅行社应自觉接受旅游行政管理部门对旅行社及其分社的旅游合同、服务质量、旅游安全、财务账簿等情况进行的监督检查。旅行社应当妥善保存招徕、组织、接待旅游者的各类合同及相关文件、资料（保存期应当不少于两年），以备县级以上旅游行政管理部门核查。旅行社及其分社有义务按照国家有关规定向旅游行政管理部门报送经营和财务信息等统计资料，不得提供虚假数据或伪造统计报表。

步骤5：智慧时代旅行社的违约责任

1.强制实际履行

对于旅行社迟延履行、履行不当以及拒绝履行的违约行为，对方可以在合理的期限内请求旅行社继续履行或补充履行。

2.违约金

违约金是依当事人的约定或法律的直接规定，在当事人一方不履行债务时，向他方给付的金钱。旅行社在与旅游者和旅游服务供应者签订合同时可以约定违约金的数额，但约定违约金的数额应与不履行合同造成的损失大致相当。如过高或过低，当事人可请求法院或仲裁机构减少或增加。旅行社因迟延履行而给付违约金后,并不能免除其履行合同的义务,旅行社还应继续履行合同。

3.损害赔偿

旅行社因违约行为而导致他人受损害的,应赔偿他人的损失。违约损害赔偿的范围包括实际损失和预期利益的损失。实际损失是现实财产的减少,也称直接损失;预期利益的损失是指缔约时可以预见到的可得利益的损失。

步骤6:智慧时代旅行社的侵权责任

侵权责任是指行为人不法侵害社会公共财产或者他人财产、人身权利而应承担的民事责任。旅行社因自身的过错造成旅游者人身或财产的损失,即侵害了旅游者的人身财产权利,应承担侵权责任。

根据我国《民法典》的规定,承担侵权责任的方式有停止侵害、排除妨碍、消除危险、返还财产、恢复原状、赔偿损失、消除影响、恢复名誉和赔礼道歉等。这些方式对旅行社也是适用的。

有时,旅行社的侵权行为同时又是违约行为,这时,旅游者或旅游服务供应者有请求违约损害赔偿或侵权损害赔偿的选择权。

步骤7:智慧时代旅行社的行政责任

行政责任是指因违反行政法或因行政法规定而应承担的法律责任。承担行政责任的方式主要有警告、罚款、没收违法所得、没收非法财物、责令停产停业、暂扣或者吊销许可证、暂扣或者吊销执照等。

步骤8:智慧时代旅行社法律责任的减轻或免除

在一定条件下,旅行社的法律责任可以得到减轻或免除,这些条件包括如下方面。

1.不可抗力

不可抗力是指不能预见、不能避免并不能克服的客观情况。不可抗力的范围主要包括3类:①自然灾害,如地震、台风、洪水、海啸等;②政府行为,如政府颁布新的政策、法律和行政措施等;③社会异常事件,如战争、罢工、骚乱等。在旅游过程中如果发生不可抗力,给合同相对方带来了损失,除法律有特别的规定以外,旅行社可以全部或部分免除责任。但如果因旅行社的原因而造成了迟延履行合同,即使履行合同时遇到了属于不可抗力的事件,旅行社也不能免除责任。

不可抗力发生时,旅行社虽然可以免责,但仍然涉及相关费用的处理问题。①因不可抗力致使合同解除的,旅行社应当在扣除已支付且不可退还的费用后,将余款退还旅游者。②因不可抗力致使合同变更的，因此增加的费用由旅游者承担，减少的费用退还旅游者。③不可抗力的出现危及旅游者人身、财产安全的，旅行社应当采取相应的安全措施，因此支出的费用，由旅行社与旅游者分担。④因不可抗力造成旅游者滞留的，旅行社应当采取相应的安置措施。因此增加的食宿费用，由旅游者承担；增加的返程费用，由旅行社与旅游者分担。

2.旅游者自己的要求

在旅游过程中，旅游者自己要求修改旅游路线和旅游内容，因此而造成的损失应由旅游者自己承担。

3.旅游者自己的过失

旅游者自身的原因导致合同不能正常履行，或者造成旅游者人身损害、财产损失的，旅行社不承担责任。但是，如果旅行社未尽到安全提示、救助义务，旅行社需承担相应的责任。即使是在旅游者自行安排活动期间，旅行社也有提示、救助义务，否则也要担责。

4.第三方责任

如果损害是由第三方造成的，应由第三方承担损害赔偿责任。在有的情况下，也可先由旅行社承担责任，然后由旅行社向第三方追偿。比如，损害是由地接社造成的，旅游者可以要求地接社承担赔偿责任，也可以要求组团社承担赔偿责任；组团社承担责任后可以向地接社追偿。但是，由于公共交通经营者的原因造成旅游者人身损害、财产损失的，由公共交通经营者依法承担赔偿责任，旅行社应当协助旅游者向公共交通经营者索赔。

5.约定免责事由的出现

合同双方可在合同中事先约定免责事由，当该事由出现时，旅行社可根据合同的约定免除责任。但这种免责事由的约定不是任意的，根据《中华人民共和国民法典合同编》的规定，约定造成对方人身伤害以及因故意或重大过失造成对方财产损失的免责条款无效。

典型工作环节二　设立旅行社

姓名：　　　　　班级：　　　　　　日期：

✖ 典型工作描述

依据国家的政策和法律规定，2015年5月19日，国家旅游局下发《关于落实简政放权和行政审批工商登记制度改革有关规定的通知》（旅发〔2015〕96号），根据通知，申请人要设立旅行社时，应先向工商行政管理部门申请颁发营业执照，再凭营业执照等材料向旅游行政主管部门申请颁发旅行社业务经营许可证。

📇 学习目标

1.掌握设立智慧时代旅行社的程序；

2.能综合考虑旅游市场的发展现状，申请设立经营国内旅游业务和入境旅游业务的经营许可证，申请经营出境旅游业务经营许可证，申请增加经营边境业务资格。

📖 任务书

旅行社业务经营许可证是旅行社开展业务经营活动的必要前提。根据《国家旅游局关于落实简政放权和行政审批工商登记制度改革有关规定的通知》（旅发〔2015〕96号），申请人需要明确设立旅行社的程序。

👥 任务分组

学生任务分配表

班级		组号		指导教师	
组长		学号			
组员		学号			
		学号			
		学号			
		学号			
		学号			
		学号			
		学号			
		学号			
任务分工					

工作准备

1.阅读工作任务书，再次熟悉设立旅行社的程序。

2.查阅《旅游法》《旅行社条例》《旅行社条例实施细则》的规定。

3.准备申请设立旅行社国内旅游业务、入境旅游业务、出境旅游业务相关知识。

4.准备申请增加经营边境游业务资格相关知识。

🔲 工作实施

（1）设立智慧时代旅行社程序

★ 引导问题1：智慧时代旅行社是企业法人吗？

○ **小思考**

企业法人是什么？

一家旅行社在经营过程中出现亏损，需要赔偿他人80万元，但旅行社的全部资产仅有60万元，请问，剩余的20万元是不是应该由旅行社的创办人来赔偿呢？

分析：企业法人最重要的一个特征就是能独立承担民事责任，这是理解"企业法人"这一定义的关键。如果一家旅行社资不抵债，剩余债务不应该要求旅行社的总经理或旅行社的创办人来承担，国内旅行社是企业法人，能独立承担民事责任。本案例中，剩余的20万元债务是不能要求旅行社的创办人来赔偿的，试想一下，如果旅行社不是企业法人，旅行社的创办人在旅行社出现亏损后需要承担连带赔偿责任，那么还有人敢创办旅行社吗？

小知识

①智慧时代旅行社是企业法人。

②"境内旅游业务"是指旅行社招徕、组织、接待中国内地居民在境内旅游的业务。

③"入境旅游业务"是指旅行社招徕、组织、接待外国旅游者来我国旅游，香港特别行政区、澳门特别行政区旅游者来内地旅游，台湾地区居民来大陆旅游，以及招徕、组织、接待在中国内地的外国人，在内地的香港特别行政区、澳门特别行政区居民和在大陆的台湾地区居民在境内旅游的业务。

④"出境旅游业务"是指旅行社招徕、组织、接待中国内地居民出国旅游，赴香港特别行政区、澳门特别行政区和台湾地区旅游，以及招徕、组织、接待在中国内地的外国人，在内地的香港特别行政区、澳门特别行政区居民和在大陆的台湾地区居民出境旅游。

⑤"边境旅游业务"是指经批准的旅行社组织和接待我国及毗邻国家的公民，集

体从指定的边境口岸出入境，在双方政府商定的区域和期限内进行相关旅游活动的业务。

★ 引导问题2：申请人向工商行政管理部门申请颁发营业执照程序。

小知识

向工商行政管理部门申请时需要准备的资料。

★ 引导问题3：凭营业执照等材料向旅游行政主管部门申请颁发旅行社业务经营许可证。

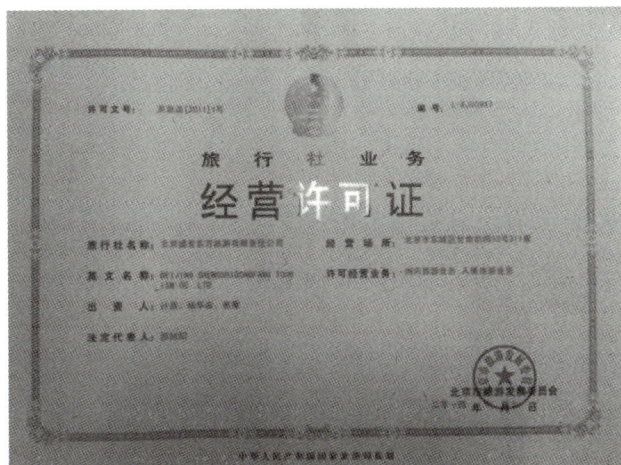

```
                    ┌─────────────────┐
                    │  行政相对人      │
              ┌────▶│  提交申请        │◀────────────┐
              │     └─────────────────┘             │
              │              │                      │
              │              ▼                      │
              │     ┌─────────────────┐             │
              │     │ 窗口受理(1个工作日)│            │
              │     └─────────────────┘             │
              │              │                      │
              │              ▼                      │
              │          ╱────────╲       否  ┌──────────────────┐
              │         ╱ 是否符合  ╲─────────▶│ 退回并告知补正材料 │
              │         ╲   条件    ╱          └──────────────────┘
              │          ╲────────╱
              │              │ 是
  ┌──────────────┐          ▼
  │  出具不予     │    ┌─────────────────┐
  │ 许可通知书    │    │ 审查。提出审查意见 │
  └──────────────┘    │   (2个工作日)    │
         ▲            └─────────────────┘
         │                    │
         │                    ▼
         │            ┌──────────────────────┐
         │            │ 实施机关作出决定(1个工作日) │
         │            └──────────────────────┘
         │                    │
         │                    ▼
         │                ╱────────╲
         │ 否            ╱ 是否批准  ╲
         └──────────────╲          ╱
                         ╲────────╱
                             │ 是
                             ▼
                    ╭─────────────────╮
                    │ 办结。出具经营许可证 │
                    │  并送达申请人      │
                    │   (1个工作日)     │
                    ╰─────────────────╯
```

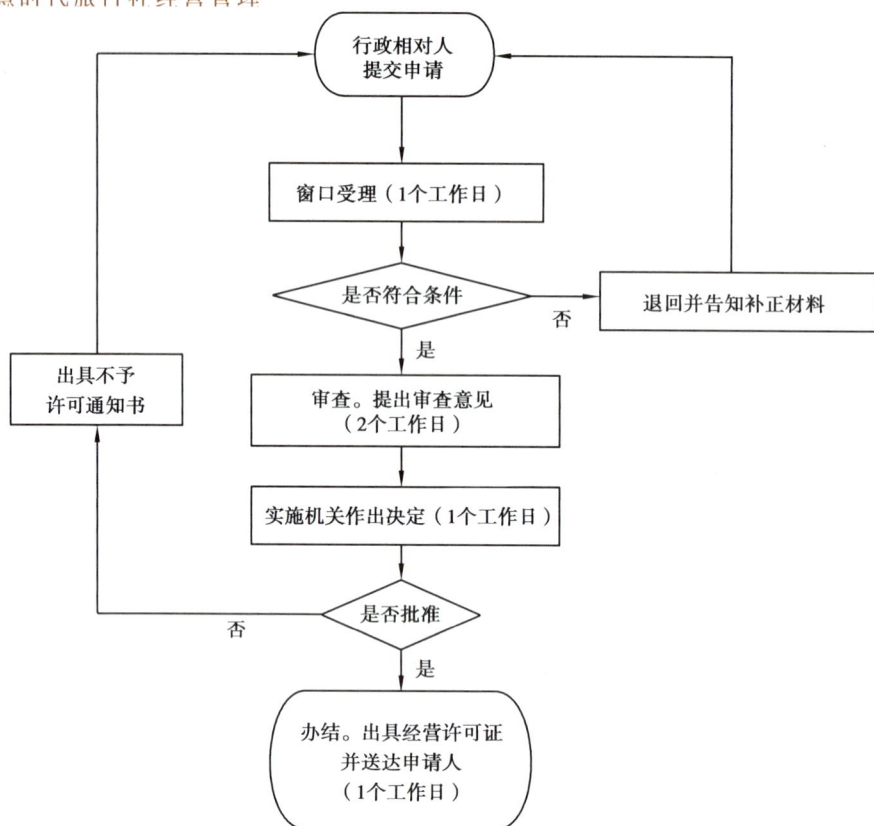

一般而言，办理旅行社营业执照和旅行社业务经营许可证需要5~10个工作日。

小知识

向旅游行政主管管理部门申请时需要准备的资料。

（2）设立智慧时代旅行社分社、服务网点

★ 引导问题4：设立旅行社分社。

○ 小思考

如果旅行社分社因过错需要赔偿，但又无力赔偿，设立社有责任代为赔偿吗?

分析：因为分社不具备独立法人资格，以设立社的名义开展旅游业务，因此，旅行社分社经营活动的责任和后果由设立社承担。分社无力赔偿的情况下，设立社理应代为赔偿。

1.旅行社分社

旅行社分社（以下简称"分社"）是指旅行社设立的不具备独立法人资格、以设立分社的旅行社的名义开展旅游业务经营活动的分支机构。分社的名称中应当包含设立社名称、分社所在地地名和"分社"或者"分公司"字样。设立旅行社应当对分社实行统一的人事、财务、招徕、接待制度规范。旅行社分社经营活动的责任和后果由设立社承担。

2.智慧时代分社的设立无地域和数量的限制

智慧时代旅行社分社的设立不受地域限制，即分社可以在设立旅行社所在行政区域内设立，也可以在全国范围内设立，旅行社分社的设立也没有数量上的限制，由旅行社根据业务的需要自行决定。

3.分社的经营范围

分社的业务范围不得超出设立社的经营范围，因此，经营国内旅游业务和入境旅游业务的旅行社只能设立经营国内旅游业务和入境旅游业务的分社，经营出境旅游业务的旅行社可以根据市场发展情况设立分社，既可设立只经营国内旅游业务和入境旅游业务的分社，也可以设立只经营出境旅游业务的分社，还可以设立经营国内旅游业务、入境旅游业务和出境旅游业务的分社。

★ 引导问题5：设立智慧时代旅行社服务网点。

○ **小思考**

旅行社的服务网点能不能自行组团旅游？

分析：旅行社的服务网点只能从事两项工作：一是招徕旅游者；二是提供旅游咨询服务。因此，旅行社的服务网点不能自行组团旅游。

小知识

1.旅行社服务网点

旅行社服务网点是指旅行社设立的，为旅行社招徕旅游者，并以旅行社的名义与旅游者签订旅游合同的门市部等机构。

2.服务网点的特点

①有地域的限制。设立社可以在其所在地的省、自治区、直辖市行政区划内设立服务网点；设立社在其所在地的省、自治区、直辖市行政区划外设立分社的，可以在该分社所在地设区的市的行政区划内设立服务网点。

②有数量的限制。旅行社可根据经营的需要自行决定服务网点的数量，但旅行社分社不得设立服务网点。

③不具有法人的资格。服务网点以设立社的名义从事经营活动，其经营活动的责任和后果由设立社承担。应加强对服务网点的管理，实行统一管理、统一财务、统一招徕和统一咨询服务规范。

④有经营范围的限制。服务网点只能在设立社的经营范围内招徕旅游者、提供旅游咨询服务，不能从事招徕、咨询以外的活动。

★ 引导问题6：通过网络经营旅行社业务也要取得经营许可吗？

案例：

上海某国际旅行社虹桥营业部超范围经营被处罚案

上海某国际旅行社虹桥营部于2018年10月22日在网站广告"韩国首尔家华客轮6日游1 980元/人"。国家旅游局暗访组和上海市旅游局以游客身份电话咨询上海华夏国际旅行社总部，怀疑该营业部未取得经营许可证，超出旅游业务范围，并涉嫌以不合理的低价组织旅游活动诱骗旅游者。

分析：目前，有许多企业通过网络经营旅行社业务，这些企业也应该依法取得行社业务经营许可证。我国《旅游法》第48条规定：通过网络经营旅行业务，应当依照旅行社业务经营许可，并在其网站主页的显著位置标明其业务经营许可证信息。

小知识

旅行社设立服务网点，应当依法向工商行政管理部门办理设立登记手续，并向所在地的旅游行政管理部门备案。受理备案的旅游行政管理部门将向旅行社颁发《旅行社服务网点备案登记证明》。

★ 引导问题7：设立外商投资旅行社？

○ **课堂讨论**

有人认为，2009年以来，我国旅行社的发展进入了"宽进严管"的阶段。从设立旅行社的条件来分析，你觉得这种说法有道理吗？

小知识

外商投资旅行社包括中外合资经营旅行社、中外合作经营旅行社和外资旅行社设立外商投资旅行社，应先经商务部门审批，审批通过后再向市场监督管理部门办理注册登记，领取营业执照，然后向旅游行政主管部门申请领取旅行社业务经营许可证。

● **评价反馈**

（1）学生自我评价

学生自评表

班级：	姓名：	学号：		
评价项目	**评价标准**		**分值**	**得分**
旅行社的企业法人	1.《旅行社条例》规定；2.准确判断		10	
旅行社营业执照	运用原理准确分析		10	
旅行社经营业务许可证	运用原理准确分析		10	
旅行社分社	运用原理准确分析		10	
旅行社服务网点	运用原理准确分析		10	
旅行社网络经营业务	运用原理准确分析		10	
设立外商投资旅行社	运用原理准确分析		10	
工作态度	态度端正，无缺勤、迟到、早退现象		6	
工作质量	能按计划完成工作任务		6	
协调能力	与小组成员、同学之间能合作交流，协调工作		6	
职业素质	能做到细心、严谨		6	
创新意识	材料及案例分析过程中有独到见解		6	
合计			100	

（2）学生互评

学生互评表

评价项目	分值	等级							评价对象（组别）					
									1	2	3	4	5	6
计划合理	10	优	10	良	9	中	7	差	6					
团队合作	10	优	10	良	9	中	7	差	6					
组织有序	10	优	10	良	9	中	7	差	6					
工作质量	20	优	20	良	18	中	14	差	12					
工作效率	10	优	10	良	9	中	7	差	6					
工作完整	10	优	10	良	9	中	7	差	6					
工作规范	10	优	10	良	9	中	7	差	6					
成果展示	20	优	20	良	18	中	14	差	12					
合计	100													

（3）教师评价

教师评价表

班级：		姓名：		学号：	
项目一　旅行社设立及综合管理		典型工作环节二　旅行社设立程序			
评价项目		评价标准		分值	得分
考勤（10%）		无迟到、早退、旷课现象		10	
工作过程（60%）	旅行社的企业法人	1.《旅行社条例》规定；2.准确判断		6	
	旅行社营业执照	运用原理准确分析		6	
	旅行社经营业务许可证	运用原理准确分析		6	
	旅行社分社	运用原理准确分析		6	
	旅行社服务网点	运用原理准确分析		6	
	旅行社网络经营业务	运用原理准确分析		6	
	设立外商投资旅行社	运用原理准确分析		6	
	工作态度	态度端正，工作认真、主动		6	
	协调能力	能按计划完成工作任务		6	
	职业素质	与小组成员、同学之间能合作交流，协调工作		6	
项目成果（30%）	工作完整	能按时完成任务		10	
	工作规范	能按原理完成计算和案例分析		10	
	成果展示	能准确表达、汇报工作成果		10	
合计				100	
综合评价		学生自评（20%）	小组互评（30%）	教师评价（50%）	综合得分

🏠 拓展思考题

　　有几名导游打算合伙创办一家合伙制的旅行社，共同出资、共同经营、共享收益、共同对旅行社的债务承担无限连带责任。依据学过的知识分析，他们要创办的这种旅行社能被批准吗？

相关步骤

步骤1：中国第一家旅行社

　　第一家由中国人创办经营的旅行社是产生于1923年的上海商业储蓄银行的"旅行部"，其创立者是著名爱国资本家和金融家陈光甫。从史料上看，他创办旅行社的初衷不是为了营利，而是为了维护民族的尊严。他以爱国之心服务大众便利旅行，同时也为在自己的国土上与外国旅行社展开竞争。在旅行部成立初期，营业范围仅以代售铁路、轮船客票为主，后来业务范围逐渐扩大到发行旅行支票、客人的接送和转运、代办出国手续、安排出国旅行、筹划旅游线路、提供观光游览服务等。1924年，旅行部首次组织由上海赴杭州的国内游览旅行团。次年，旅行部首次组织出国旅游，由20多人组成旅游团赴日本观赏樱花。为加强对祖国丰富旅游资源的宣传，1927年，旅行部还创办了我国第一本旅游行业的专业杂志——《旅行杂志》，每季一期，重点介绍各地风景名胜、旅游线路，并刊登车船时刻表和票价表。1928年1月，旅行部正式更名为"中国旅行社"，下设7部1处，即运输、车务、航务、出版、会计、出纳、稽核部和文书处。到1937年，中国旅行社的国内外分支机构已达80多个，基本形成了体系较为完善的旅游服务网络，业务遍及国内及东南亚等地。

　　继上海的中国旅行社之后，国内又相继出现了一些旅行社和旅游组织，如中国汽车旅行社、现代旅行社、萍踪旅行团、铁路游历经理处、公路旅游服务社、浙江名胜导游团等。受当时的政治经济环境的影响，中国的旅行社及旅游组织的业务量不大，尚未形成行业规模。

步骤2：我国旅行社的分类

1.国际旅行社和国内旅行社

　　1985—1996年，我国的旅行社划分为3类，即一类旅行社、二类旅行社和三类旅行社。1996年10月，国务院发布的《旅行社管理条例》取消了原有的一类、二类、三类旅行社的划分，并规定我国的旅行社分为国际旅行社和国内旅行社两大类。国际旅行社是指经营入境旅游业务、出境旅游业务和国内旅游业务的旅行社。国内旅行社是指专门经营国内旅游业务的旅行社。

　　2009年2月20日，国务院颁布了《旅行社条例》，不再把旅行社分为国际旅行社和国内旅行社，但旅行社仍有经营业务上的差别。其中，新设立的旅行社都可以经营国内旅游业务和入境旅游业务，当旅行社取得经营许可满2年，且未因侵害旅游者合法权益受到行政机关罚款以上处罚的，即可申请经营出境旅游业务。

2.组团旅行社和地接旅行社

在实践中，我们常把旅行社分为组团旅行社（组团社）和地接旅行社（地接社）。组团社指的是在客源地（游客出发地）与客人签订旅游合同的旅行社；地接社指的是在旅游目的地接待组团游客的旅行社。比如，一家北京的旅行社组织一批游客去上海旅游，为方便开展业务，北京这家旅行社委托上海一家旅行社负责在上海的具体接待事宜，北京这家旅行社就是组团社，上海这家旅行社就是地接社。当然，组团社和地接社的区分只是基于在一次旅游接待中的业务分工不同而产生的。

步骤3：旅行社业务范围的分类

1.旅游批发商

旅游批发商是指从事批发业务的旅行社或旅游公司。旅游批发商根据市场需求，设计各种旅游产品，大批量地订购交通运输公司、饭店、旅游景点和目的地经营接待业务的旅行社等有关旅游企业的产品和服务，然后将这些单项旅游产品经过加工组合，形成各种不同的包价旅游产品进行经销。旅游批发商不直接向旅游者出售产品而是通过从事零售业务的中间商将产品出售给旅游者。这种旅行社要按照自己设计的旅游产品制订年度计划，然后进行各类促销活动，如印发旅游产品目录、刊登广告、参加旅游展销会等，并向中间商提供有关的问询服务。

2.旅游经营商

旅游经营商的业务同旅游批发商类似，其主要不同之处在于，旅游经营商除了通过从事零售业务的中间商销售自己的产品之外，还通过自己设立的零售网络直接向旅游者销售各种包价旅游产品。

3.旅游零售商

零售业是指所有将货物或劳务销售给最终消费者用于消费的买卖活动，以经营零售业务为主要收入来源的组织和个人称为零售商。旅游零售商是指向旅游批发商或旅游经营商购买旅游产品，出售给旅游者的旅行社，即从事零售业务的旅行社。旅游零售商扮演着双重角色：它一方面代表旅游者向旅游批发商或有关旅游企业购买旅游产品，另一方面又代表旅游批发商向旅游者销售产品。

步骤4：旅行社责任保险属于强制保险

《旅行社责任保险管理办法》第2条规定："在中华人民共和国境内依法设立的旅行社，应当依照《旅行社条例》和本办法的规定，投保旅行社责任保险。"《旅行社条例》第38条规定："旅行社应当投保旅行社责任险。"也就是说，旅行社责任保险是旅行社必须投保的，没有商量的余地。

步骤5：旅行社责任保险的投保人和被投保人都是旅行社

旅行社责任保险的设立目的是降低旅行社的经营风险，更好地保障旅游者的合法权益。因此，旅行社责任保险的投保人是旅行社，被保险人也是旅行社。旅行社投保旅行社责任保险，可以依法自主投保，也可以有组织地统一投保。保险合同成立后，旅行社按照约定交付保险费，保险公司也应当及时向旅行社签发保险单或者其他保险凭证。

步骤6：旅行社应当承担责任

在旅行社责任保险当中，保险公司只对旅行社在从事旅游业务经营活动中应由旅行社承担的责任负责。保险公司也不是对所有的旅行社应承担的责任负责，而只对保险合同中约定的赔付范围负责。

步骤7：旅行社责任保险的赔偿

1.旅行社索赔

保险事故发生后，旅行社应当向保险公司提供其所能提供的与确认保险事故的性质、原因、损失程度等有关的证明和资料，要求保险公司赔偿保险金。保险公司认为有关的证明和资料不完整的，应当及时一次性通知旅行社补充提供。

2.保险公司核定

保险公司收到赔偿保险金的请求和相关证明、资料后，应当及时做出核定。情形复杂的，应当在30日内做出核定，合同另有约定的除外。保险公司应当将核定结果通知旅行社以及受害的旅游者、导游、领队人员。

3.保险公司赔偿

①协议赔偿。对属于保险责任的，保险公司在与旅行社达成赔偿保险金的协议后10日内，履行赔偿保险金义务。

②直接赔偿。旅行社对旅游者、导游或者领队人员应负的赔偿责任确定的，根据旅行社的请求，保险公司应当直接向受害的旅游者、导游或者领队人员赔偿保险金。受害的旅游者、导游或者领队人员有权就其应获赔偿部分直接向保险公司请求赔偿保险金。

③先行支付。因抢救受伤人员需要保险公司先行赔偿保险金用于支付抢救费用的，保险公司在接到旅行社或者受害的旅游者、导游、领队人员通知后，经核对属于保险责任的，可以在责任限额内先向医疗机构支付必要的费用。

4.保险公司的代位求偿权利

　　如果保险事故是由第三者损害而造成的，保险公司直接赔偿保险金或者先行支付抢救费用之日起，在赔偿、支付金额范围内，可代位行使对第三者请求赔偿的权利。旅行社以及受害的旅游者、导游或者领队人员有义务向保险公司提供必要的文件和所知道的有关情况。

典型工作环节三 人力资源管理

姓名： 班级： 日期：

✕ 典型工作描述

旅行社人力资源管理是指旅行社为了满足当前和未来发展的需要，运用科学的管理方法对人力资源进行合理的选聘、培训、考评、激励等一系列管理活动。这些活动包括人力资源战略的制订、员工招募与选拔、员工培训与开发、绩效管理、薪酬管理、员工流动管理等。旅行社人力资源管理强调以旅行社的需求为基础，通过理解、维持、开发、利用和协调，充分发挥人的主观能动性，最终实现个人、企业和社会的发展目标。

学习目标

1.掌握人力资源管理的特点；
2.深入把握旅行社员工的招聘计划、培训、绩效考核、薪酬和激励机制。

任务书

人力资源管理有助于旅行社在新时代背景下，更具企业竞争优势。这就要求旅行社人力资源管理部门要从数量和质量两方面满足人力资源需求。解决旅行社员工的招聘、培训、绩效考核、薪酬和激励机制等实际问题。

任务分组

学生任务分配表

班级		组号		指导教师	
组长		学号			
组员		学号			
		学号			
		学号			
		学号			
		学号			
		学号			
		学号			
		学号			
任务分工					

🖥 工作准备

1.阅读工作任务书，再次熟悉设立智慧时代旅行社的人力资源管理。

2.查阅管理学家彼得·德鲁克《管理的实践》一书中提出的"人力资源"。

3.准备智慧时代旅行社人力资源管理员工的招聘计划、培训、绩效考核、薪酬和激励机制等相关知识。

⊞ 工作实施

（1）智慧时代旅行社人力资源管理

★ 引导问题1：智慧时代旅行社管理中重要环节之一人力资源管理。

○ **小思考**

智慧时代旅行社如何做好人力资源管理？

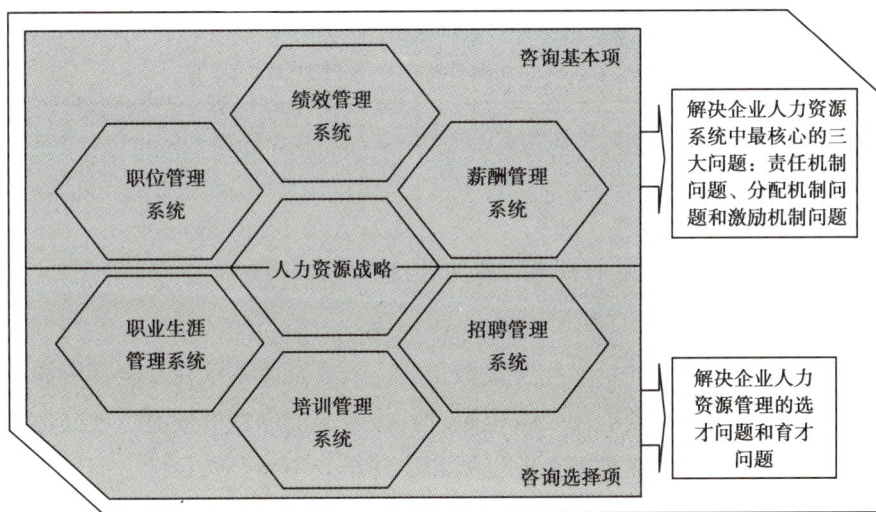

分析：

①以推动本企业可持续发展为目标，通过人力资源的规划、招聘、培训、选拔、使用、评估、奖惩等一系列活动，向企业提供合适人才并取得预期业绩和员工最大满意的过程。

②以科学的方法将旅行社人与事做适当的配合，做到个人与岗位相匹配，充分挖掘员工的潜能，调动员工的积极性，追求企业组织效率和人力资源使用效率的最大化，以实现企业的战略发展目标。

小知识

智慧时代旅行社人力资源的分布。

旅行社人力资源的分布

1.按工种分布	营销、接待、计调、财务、办公室、车队等部门
2.按岗位分布	董事长（法人）、总经理、部门经理、营销员、导游员、计调员、会计、出纳、文员、驾驶员等
3.按职责和工作对象构建的垂直结构分布	决策层、管理层和作业层三个层面
特点	工种齐、岗位多、分布广、工作场所变化大
要求	1.分级管理、分类考核； 2.努力避免随意性，按人力资源管理的基本原则进行科学的管理。

★引导问题2：智慧时代旅行社人力资源管理有什么特点？

○课堂讨论

材料一：智慧时代旅行社是人才密集型企业，人力资源不仅在其全部资源中所占比重大，而且在其经营中所创造的效益也超过其他资源所创造的效益。与其他旅游企业相比，旅行社的人力资源在推动企业发展和实现企业预期经营目标方面所发挥的作用更为突出。因此，旅行社的人力资源除了具有一般人力资源的特征外，还应具有受教育程度高、知识范围广、专用技术强等特征，是一种高素质的人力资源。

材料二：目前我国规模较小的旅行社众多，员工数量有限，导致旅行社的岗位设置较为粗放，人员分工不够精细。因此，员工必须具备多样化的技能，能够承担不同岗位的工作，这样有利于培养出综合能力较强的员工，还可以节约人力成本。但是，由于分工不明确，人员归属不确定，容易导致整个企业的组织协调难度加大，对人力资源管理提出了较大的挑战。

材料三：绩效考评要求全面、科学地评定旅行社员工有效的绩效信息。然而，旅行社的业务独立性强，员工在执行具体工作任务时，往往是独自完成，导致缺乏有效的过程管理和监督，实际的工作效果难以判定。另外，旅行社的业务也具有分散性的特征，由于团队和线路的不同，员工工作的范围、时间、地点和内容都难以统一。这就要求绩效考评需要具体情况具体分析，抓大放小，采取灵活性强的标准，确保考核的客观公正。

　　材料四：员工（特别是导游人员）流动频繁是旅行社的一大特征。受到旅游资源和游客休闲活动规律的影响，旅行社业务呈现出明显的季节性特征。当旅游旺季来临，旅行社需要聘用或组织大量的人力完成紧张的工作任务；当旅游淡季到来，旅行社又需释放大量的人力以降低用人成本。这种频繁的流动使得旅行社人力资源的聘用和培训任务异常繁重。由于临时聘请的工作人员增多，对临时人员的监督和管理也是旅行社人力资源管理工作的一大难题。

　　小知识

　　①创造性。旅游市场同质化严重，游客的消费需求多样，必须确保自身思想的先进性和创造性才能为旅游者提供更好的服务。

　　②主动性。市场上的旅行社规模普遍偏小，导致各旅行社的抗风险能力较差。对于工作人员的要求必须处于更加主动的状态营销自我，抢占市场。

　　③独立性。旅行社业务具有分散性，大多数是由一个员工单独实施和完成整个流程的业务，很多时候会出现先斩后奏的情况。

　　④流动性。旅游行业的准入壁垒低，因此，在市场上有大量的外行人员进入。他们对于职业的认同感和职业道德感相对偏低，能够与行业知识性相匹配的人才缺乏，人才更迭频繁。

　　⑤知识性。旅游行业涉及内容众多，不仅是导游行业这个流动性工种，其他的工作人员也需具备较高层次的知识水平，接受过专业的教育。

　　（2）智慧时代旅行社员工的招聘

　　★引导问题3：智慧时代旅行社员工招聘的方式有哪些？

　　○ **小思考**

　　现阶段，新的旅游形态不断涌现，要求旅行社更新人才观念，注重新的人才素质和能力。旅行社在导游人员招聘时，需重点对应聘者进行哪些方面的考察？

小知识

智慧时代旅行社的内部招聘与外部招聘的对比

方式	优点	缺点
内部招聘	降低招聘成本，提高招聘效率； 对员工产生较强的激励作用； 有效性更强，可信度更高； 员工与组织的价值观念吻合度高	竞争易导致内部矛盾； 容易造成"近亲繁殖"； 选择范围不广，缺少新鲜血液
外部招聘	能够带来新理念、新技术、新思路； 选择余地广，容易招到优秀人才； 有利于企业树立积极进取、锐意改革的良好形象； 缓解内部竞争者之间的竞争关系	招聘和培训成本高； 决策风险大，可能引起文化冲突； 新聘员工进入角色慢； 有可能挫伤内部员工的积极性

✦ 引导问题4：智慧时代旅行社招聘的程序。

○ 课堂讨论

当今，旅行社需要树立强烈的人才意识，做到"以人为本"。越是具备长远战略眼光的旅行社，越是重视人才的作用，重视人力资源工作。旅行社应该"聚天下英才而用之"，善于发现人才、举荐人才和使用人才，打造一支素质优良、结构合理的人才队伍。为了激发人才的创造力和活力，旅行社应该增强服务意识，搭建创新平台，促使优秀人才脱颖而出，为旅行社创造更多的价值。怎样确定用人的数量、明确岗位职责及人员资格条件？

小知识

智慧时代旅行社招聘的方式

1.智慧时代旅行社内部招聘

内部招聘是指当旅行社内部出现职位空缺时，首先从内部选择合适的人选来填补这个空缺。内部招聘具体又可以分为提拔晋升、工作调换、人员重聘。内部招聘有利于降低招聘的风险和成本，同时也能为员工的个人发展提供机会，从而可以鼓舞士气，增强员工工作的积极性。然而，新的岗位有限，内部竞争可能会影响员工之间的关系，导致人才的流失，应进行合理的防范。内部招聘的方法主要有内部公告法、人员推荐法和人才储备法。

2.智慧时代旅行社外部招聘

外部招聘就是通过各种途径从企业外部招募人才。外部聘用的员工能够给旅行社带来不同的价值观和新的思路、方法，同时也有利于增强原有员工的危机意识，激发斗志和潜能。相比内部招聘，外部招聘挑选的余地大，能挑选到一些稀缺的复合型人才和特殊岗位人员。外部招聘的途径有校园招聘、人才交流会以及行业内人才的流动等，通常面对不同的人才需求采取单一或综合的招聘方式。外部招聘的方式主要有招聘会、网络招聘、同行推荐以及人才交流中心推介等。

3.智慧时代旅行社临时招聘

旅行社业务的季节性非常明显，淡旺季对人员的需求差别很大。在旺季，旅行社往往要增加部分临时岗位，聘用大量的临时人员以应对繁忙的业务需求，导致临时招聘需求增多。为保证旅行社的服务质量，临时聘用的员工也要符合相应的聘用条件。

（3）智慧时代旅行社员工的培训

★引导问题5：智慧时代旅行社员工培训什么？

①岗前培训；

②在岗培训；

③脱产培训；

④专题培训。

小知识

培训是员工提升素质和发展专业技能的重要途径。旅行社会因各种宏观环境的变化面临着新的发展任务。旅行社员工在职业生涯的不同时期，也会面临着特殊的发展需求。因此，旅行社需要有针对性地开展多种形式、主题和内容鲜明的培训，以提高员工的整体综合素质和技能水平，提高旅行社的竞争力。

（4）智慧时代旅行社员工的绩效考评

★引导问题6：旅行社为什么要绩效考评？

○拓展链接

PDCA循环（戴明循环）包括4个循环反复步骤，即:P（Plan）——计划（确定目标和活动计划），D（Do）——执行（实现计划中的内容），C（Check）——检查（总结计划执行的效果，找出存在的问题），A（Action）——行动和改进（对检查出的问题进行处理）。以上4个阶段缺一不可，次序不可颠倒。每循环一次，就解决一部分问题，使得工作质量得以改进和提升。戴明循环已被广泛应用于人力资源管理、项目管理、新产品开发管理等领域。

小知识

①绩效考评的作用。

②绩效考评是人力资源工作中重要的环节。一方面，绩效考评可以使管理层和人力资源部门及时准确地掌握员工的工作信息；另一方面，绩效考评的结果往往可以作为薪酬调整、职位晋升的依据，对员工有一定的激励作用。

（5）智慧时代旅行社员工的薪酬与激励

★ 引导问题7：如何对智慧时代旅行社员工的薪酬激励？

○ 课堂讨论

双因素理论（Two Factor Theory）也称为"激励-保健"理论，由美国心理学家赫茨伯格于1959年提出。该理论将企业中的有关因素分为保健因素和激励因素两大类。保健因素主要指工作以外的因素，包括公司的政策和管理、工资、监督、同事关系和工作条件等；激励因素主要指与工作本身或工作内容有关的因素，包括成就、赞赏、工作本身的意义及挑战性、责任感、个人晋升和发展的机会等。保健因素如果得到满足，则能消除员工的不满情绪；如果得不到满足，则会引发员工的不满。激励因素如果得到满足，可以使员工产生很大的激励，若得不到满足，也不会产生不满情绪。

你会用双因素理论来解决企业的人力资源管理问题吗?试举例。

小知识

薪酬是人力资源管理的重要内容，主要以员工所从事劳动的复杂程度、劳动的强度、劳动岗位的重要性和特殊性为基准，综合衡量员工为此付出的时间、知识、技能、经验，依据为企业创造价值的大小，向员工支付酬劳。薪酬一般与绩效考评结果挂钩，能够充分调动员工的积极性和创造性，为企业带来积极的人力资源支持。

⬢ **评价反馈**

（1）学生自我评价

学生自评表

班级：	姓名：	学号：		
评价项目	**评价标准**		**分值**	**得分**
旅行社人力资源管理	运用原理准确判断		10	
旅行社人力资源管理特点	运用原理准确分析		10	
员工招聘方式	运用原理准确分析		10	
员工招聘程序	运用原理准确分析		10	
员工培训	运用原理准确分析		10	
绩效考评	运用原理准确分析		10	
薪酬激励	运用原理准确分析		10	
工作态度	态度端正，无缺勤、迟到、早退现象		6	
工作质量	能按计划完成工作任务		6	
协调能力	与小组成员、同学之间能合作交流，协调工作		6	
职业素质	能做到细心、严谨		6	
创新意识	材料及案例分析过程中有独到见解		6	
合计			100	

（2）学生互评

学生互评表

评价项目	分值	等级							评价对象（组别）					
									1	2	3	4	5	6
计划合理	10	优	10	良	9	中	7	差	6					
团队合作	10	优	10	良	9	中	7	差	6					
组织有序	10	优	10	良	9	中	7	差	6					
工作质量	20	优	20	良	18	中	14	差	12					
工作效率	10	优	10	良	9	中	7	差	6					
工作完整	10	优	10	良	9	中	7	差	6					
工作规范	10	优	10	良	9	中	7	差	6					
成果展示	20	优	20	良	18	中	14	差	12					
合计	100													

（3）教师评价

教师评价表

班级：		姓名：		学号：	
项目一　旅行社设立及综合管理		典型工作环节三　人力资源管理			
评价项目		评价标准		分值	得分
考勤（10%）		无迟到、早退、旷课现象		10	
工作过程（60%）	旅行社人力资源管理	运用原理准确判断		6	
	旅行社人力资源管理特点	运用原理准确分析		6	
	员工招聘方式	运用原理准确分析		6	
	员工招聘程序	运用原理准确分析		6	
	员工培训	运用原理准确分析		6	
	绩效考评	运用原理准确分析		6	
	薪酬激励	运用原理准确分析		6	
	工作态度	态度端正，工作认真、主动		6	
	协调能力	能按计划完成工作任务		6	
	职业素质	与小组成员、同学之间能合作交流，协调工作		6	
项目成果（30%）	工作完整	能按时完成任务		10	
	工作规范	能按原理完成计算和案例分析		10	
	成果展示	能准确表达、汇报工作成果		10	
合计				100	
综合评价		学生自评（20%）	小组互评（30%）	教师评价（50%）	综合得分

🏠 拓展思考题

　　离职率是衡量企业或行业内部人力资源流动状况的重要指标。离职分为自愿离职和被动离职。据统计，旅行社的离职高潮出现在每年的二月和三月，尤其是导游人员。虽然离职在一定程度上有利于旅行社建立优胜劣汰的人才竞争机制，但是离职率过高将严重影响旅行社业务的开展。

　　请分析是什么原因导致了旅行社员工的离职。

相关步骤

步骤1：智慧时代旅行社人力资源管理的内容

1.人力资源规划

　　为了实施旅行社的总体发展战略，需要根据旅行社内外环境和条件的变化，在充分考虑员工期望和发展目标的基础上，对旅行社人力资源的获取、配置、使用、保持、评价和发展进行长远的规划，从而为旅行社发展战略的实施提供有效的保障。

2.基础业务

　　在旅行社的人力资源管理中，岗位分析和岗位评价是基础性工作任务。通过岗位分析，明确旅行社各个岗位的特征和要求，并对每个岗位进行描述，明确业务规范。通过岗位评价，评估和判断旅行社每个岗位的相对价值，以此作为不同工作岗位工资体系的依据。有人说，岗位分析和岗位评价就如同一个产品的说明书和产品标价，使员工"明明白白工作""清清楚楚拿钱"。

3.核心业务

　　员工招聘、培训、绩效考评和薪酬管理，被认为是旅行社人力资源管理的核心任务。旅行社通过招聘，不断从企业外部吸纳所需要的人才，确保旅行社各个岗位人力需求的数量和质量；通过对新聘员工或在职员工的针对性培训，让员工全面知悉企业文化和规章制度，掌握工作所需的知识和技能，培养优良的综合素质；通过运用科学的方法和标准对员工进行综合的考核评价，作为薪酬发放、职位晋升和岗位调整的依据，并全面反映旅行社人力资源管理的工作绩效。薪酬管理是旅行社对员工实施物质激励的重要手段，合理的薪酬制度能够激发员工的积极性；反之，员工的工作积极性将受到影响。

4.其他业务

　　旅行社完整的人力资源管理工作还应该包括合同管理、人事考勤、档案管理，以及员工健康和安全管理等。这些工作常规性强，事务琐碎，需要耐心对待。

步骤2：智慧时代旅行社招聘员工的原则

1.经济效益的原则

旅行社人员招聘应以企业的实际需要为依据，以企业经济效益的提高为前提，因事择人，量才录用。在招聘过程中不仅要考虑人员的素质和能力，还要考虑报酬因素，应避免不顾旅行社发展的实际需要，一味追求人才的高、精、尖，从而加大人才的成本压力。

2.全面择优的原则

旅行社的业务特点决定其在招聘员工时，不能只关注应聘者某一方面的能力，还应从其道德水准、专业技能、沟通能力，以及过去的经验和业绩等方面全方位进行综合考察和测试，认真比较，谨慎筛选，择优录用，确保人力资源价值的最大化。

3.公平竞争的原则

该原则要求在招聘过程中，首先要实行公开招聘，将全面的招聘需求信息向社会通告，所有的流程公开进行；其次，要求竞争招聘，在应聘人员之间开展素质、技能和综合能力等方面的竞争，判定应聘人员的优劣，进行人才的取舍；最后要平等招聘，在招聘过程中应该对来自不同渠道的应聘人员一视同仁，给予应聘人员平等的竞争机会，保持廉洁，不凭个人的直觉和印象来选人。

4.标准化、规范化的原则

旅行社应该按照科学的选拔标准和规范化的聘用程序实施人员招聘。标准的设定需要考虑岗位的特殊性，与具体的岗位素质和技能要求相对应，并具有可操作性。聘用程序必须规范化、具体化，确保招聘公平和公正。招聘的标准和程序必须严格执行，才能招聘到真正实用的人才，确保旅行社的可持续发展。

步骤3：智慧时代旅行社招聘的程序

1.确定用人计划

旅行社用人部门应依据人员流失、业务扩张等因素提出本部门的人员需求。人力资源部门综合各部门的需求，通过认真研究岗位结构的合理性，从全局角度确定用人的岗位和数量，将岗位职责和任务具体化，明确岗位人员的资格和条件。

2.决定招聘方式和途径

充分比较各种招聘方式和途径的优缺点和可操作性，根据空缺岗位的数量和要求，以效益最大化为原则，确定最为合适的招聘方式和途径。

3.发布招聘信息

招聘信息应该能够让应聘者充分了解旅行社的基本信息和岗位需求，还应该考虑对应聘者的吸引力。招聘信息的发布需要根据招聘方式和途径选择合适的渠道，依法公开进行。

4.评估应聘人员

首先通过分析应聘者简历进行初步评估和选择，按照一定的比例确定合格者名单，再组织面试（可配合笔试或技能考核），对应聘者的知识、技能、素质和能力进行综合评价。应注意采取科学的评估标准，依程序规范地进行。

5.确定录用人选和签订合同

依据全面择优的原则，由评估人员根据应聘者得分确定拟录用人选，再由具有决策权的管理层确定聘用人员，以书面形式发布录用人员名单并通知本人，最后双方签订劳动合同，明确岗位的权利和责任，以及福利待遇标准等事项。

6.总结和评价招聘效果

对整个选聘工作的程序进行检查和评价，并总结经验教训，以便进一步修正和改进。另外，还需要注意吸收创新性的、实效性强的招聘形式，以提升招聘的质量。

步骤4：智慧时代旅行社培训的内容

1.知识培训

知识培训包括旅游专业知识、旅游理论知识、相关学科知识以及法律法规知识等的培训。

2.技能培训

技能培训包括专业岗位技能和通用岗位技能的培训，如导游讲解技能培训、电脑操作技能培训等。

3.思维培训

思维培训包括创新思维、系统思维、战略思维、问题分析等的培训。

4.观念培训

观念培训是指针对旅行社员工的思想意识、传统观念、对某方面的认识等内容的培训。

5.心理培训

心理培训，即加强对旅行社员工的心理学理论、方法和技术的培训，包括心理健康、情绪管理、意志力、抗挫折能力等，能提高员工的心理素质。

6.道德培训

道德培训包括社会道德行为规范和职业道德等的培训。

步骤5：智慧时代旅行社绩效考评的程序

制订考评实施方案、员工自我总结、部门领导审核、最终考评结果反馈、考评工作总结分析。

步骤6：智慧时代旅行社员工薪酬激励

工资、奖金、福利、非物质奖励。

典型工作环节四　质量管理

姓名：　　　　　班级：　　　　　日期：

🛠 典型工作描述

自20世纪50年代以来，企业管理开始注重以系统的观点来研究质量问题。美国管理学家阿曼德·费根堡姆于20世纪60年代初提出了"全面质量管理"的概念，旨在"为充分满足顾客的要求，在最经济的水平上进行生产和提供服务"。我国在改革开放之后也开始推行全面的质量管理。旅行社的产品和服务的质量关系着旅行社的生存与发展，对旅行社产品和服务进行全面质量管理成为旅行社综合管理的重要内容。

🏫 学习目标

1.掌握智慧时代旅行社质量管理的评价标准；
2.理解智慧时代旅行社质量管理内容。

📖 任务书

旅行社为了保证和提高旅游产品和服务的质量，运用系统的手段和方法对市场分析、产品设计、制订和执行计划以及过程控制、信息反馈等活动进行质量监控的综合管理活动，要求正确有效地实施质量管理。

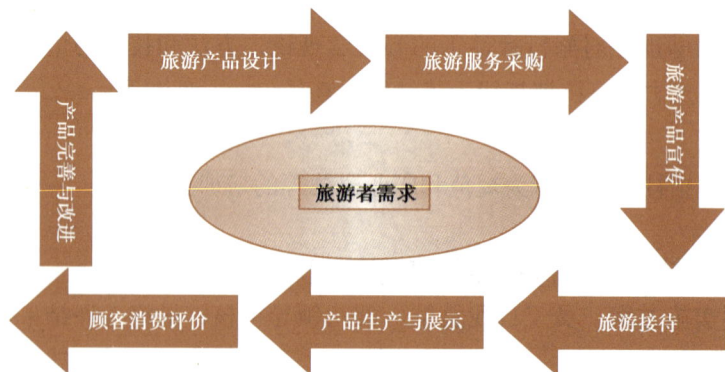

👥 任务分组

学生任务分配表

班级		组号		指导教师	
组长		学号			
组员					
任务分工					

工作准备

1.阅读工作任务书,再次熟悉设立智慧时代旅行社的质量管理。

2.准备旅行社质量管理相关知识。

工作实施

（1）质量管理

✦引导问题1:旅行社服务质量评价标准。

○ **小思考**

从"扁鹊论医"看质量管理

扁鹊是春秋战国时期的名医。相传有一天,魏文王问扁鹊说:"你们家兄弟三人都精于医术,到底哪一位医术最好呢?"扁鹊答说:"长兄最好,中兄次之,我最差。"文王吃惊地问:"你的名气最大,为何长兄医术最高呢?"

扁鹊惭愧地说:"我扁鹊治病,是治病于病情严重之时。一般人都看到我在经脉上穿针管来放血,在皮肤上敷药等大手术,所以以为我的医术高明,名气因此响遍全国。我中兄治病,是治病于病情初起之时。一般人以为他只能治轻微的小病,所以他的名气只及于本乡里。而我长兄治病,是治病于病情发作之前。由于一般人不知道他事先能铲除病因,所以觉得他水平一般,但在医学专家看来他水平最高。"

从这个故事中,我们可得到以下启发:企业的质量事故,如同人身体上的疾病。首先,质量事故重在预防,需要运用科学的质量管理手段防范质量事故的发生;其次,要在质量事故刚露苗头之际,将其控制住,以免造成更大的影响;最后,当质量事故不可避免地发生之后,需要全力以赴将损失降到最低。由此可见,质量管理如同医生看病,治标不能忘固本。

小知识

①旅行社内部评价标准;

②旅游者评价标准。

（2）旅行社质量管理

✦引导问题2:产品设计与开发质量管理。

旅行社产品质量的形成始于产品设计与开发,对旅行社产品的整体质量起决定性的作用,直接影响后续的销售、接待和消费等多个环节。

材料:

时代造就英雄

旅游业是服务业的龙头，是为人服务的行业，旅游从业人员需要有吃苦耐劳、忍气吞声的精神。你适合在旅游领域工作吗？你喜欢与别人共事吗？即使顾客举止表现令人厌恶，你会发自内心为他们的舒适、需求和健康着想吗？"如果你的回答是肯定的，那么你就能在这个行业中找到合适的工作。旅游从业人员需要微笑服务、人性化的服务。时代造就英雄，旅游行业的英雄，除了旅游领导人才，主要还有经营管理人才、旅游营销人才、优秀导游人才。

思考：产品设计与开发质量管理主要从哪几方面入手？

★ 引导问题3：计调质量管理。

计调工作是旅行社业务的核心，对旅行社服务质量起到决定性的作用。思考计调质量管理应从哪几方面入手？

①计调人员的业务素质是否符合计调工作质量要求？

②协调能力是否适应旅游业务需要？

③计调人员能否按照相关规定做好各类信息的收集、存档、分析、传达？

★ 引导问题4：采购质量管理。

计调员需要为旅游团安排各种旅游活动所提供的间接性服务，包括安排食、住、行、游、购、娱等旅游要素，选择旅游合作伙伴，以及为确保这些服务而与其他旅游企业或有关行业、部门建立合作关系等。一旦计调员采购的旅游要素出现服务质量问题，那么该旅游行程将会受到影响。

案例：

计调员采购的旅游要素品质欠佳

C旅行社接待了一个16人的散客团。旅游活动开始后的第二天，用过晚餐后，有1位旅游者呕吐并伴有腹泻，腹部绞痛难忍。随后，除1位旅游者在外用餐外，另外14位旅游者均出现不同程度的呕吐和腹泻现象，经医院检查确诊为急性肠炎。卫生防疫部门对旅游团就餐的宾馆餐厅进行了检验，将造成旅游者集体呕吐和腹泻的原因确定为：宾馆购进变质肉食所致。因是旅行社所安排的宾馆的饭菜造成旅游者急性肠炎，进而影响了旅游行程，严重影响了旅游服务质量。

虽然，旅行社依托于众多旅游供应商和旅游同业合作商，但是计调员如何筛选合作伙伴，采购到品质有保障的旅游要素，是一门必修课。

★ 引导问题5：产品营销质量管理。

对产品营销质量的管理必须以深度理解旅游者的需求，准确把握产品的卖点为前提，因而，产品营销质量的管理，实质上是确保如何把合适的旅游产品有效传递给合适的旅游者的过程。

材料：著名的市场营销专家菲利普·科特勒指出，营销管理是为实现组织目标，而再造建立和保持与目标市场间交换关系的设计方案所做的分析和事实。旅行社营销管理员无疑是在一定的营销观念指导下制定和实施的，随着市场竞争的加剧和从业人员知识水平的提高，我国旅行社开始越来越关注企业产品的营销计划，实现未来旅行社更好的发展。

思考：产品营销质量管理从哪几方面入手？

★ 引导问题6：接待服务质量管理。

材料：在游览过程中，导游员是旅游团队的灵魂和核心，导游员的服务质量是至关重要的，甚至可以直接影响到旅游者对旅行社的信誉。因此，导游部门必须根据不同的旅游者的各种需求，因人而异，扬长避短地选择最合适的导游员跟团。旅行社还要使用有效的质量管理网络，及时收集旅游团队对导游员服务质量的信息反馈，随时加以监督、调整和管理。

思考：接待服务质量管理从哪几方面入手？

★ 引导问题7：售后服务质量管理。

材料：售后服务是旅行社服务的最终环节，旅行社应该重视售后服务环节的工作，尤其要重视收集旅游者对旅游服务的评价和反馈。特别是那些有不满情绪的旅游者的需求，可作为旅游产品开发的重要参考。要注重处理旅游者投诉，注意了解旅游者投诉的真实动机，对旅游者的投诉做出妥善的处理。

思考：售后服务质量管理从哪几方面入手？

● 评价反馈

（1）学生自我评价

学生自评表

班级:	姓名:	学号:		
评价项目	**评价标准**	**分值**	**得分**
旅行社服务质量评价标准	运用原理准确判断	10	
产品设计与开发质量管理	运用原理准确分析	10	
计调质量管理	运用原理准确分析	10	
采购质量管理	运用原理准确分析	10	
产品营销质量管理	运用原理准确分析	10	
接待服务质量管理	运用原理准确分析	10	
售后服务质量管理	运用原理准确分析	10	
工作态度	态度端正，无缺勤、迟到、早退现象	6	
工作质量	能按计划完成工作任务	6	
协调能力	与小组成员、同学之间能合作交流，协调工作	6	
职业素质	能做到细心、严谨	6	
创新意识	材料及案例分析过程中有独到见解	6	
合计		100	

（2）学生互评

学生互评表

评价项目	分值	等级							评价对象（组别）					
									1	2	3	4	5	6
计划合理	10	优	10	良	9	中	7	差	6					
团队合作	10	优	10	良	9	中	7	差	6					
组织有序	10	优	10	良	9	中	7	差	6					
工作质量	20	优	20	良	18	中	14	差	12					
工作效率	10	优	10	良	9	中	7	差	6					
工作完整	10	优	10	良	9	中	7	差	6					
工作规范	10	优	10	良	9	中	7	差	6					
成果展示	20	优	20	良	18	中	14	差	12					
合计	100													

（3）教师评价

教师评价表

班级:	姓名:	学号:

项目一　旅行社设立及综合管理	典型工作环节四　质量管理		
评价项目	评价标准	分值	得分
考勤（10%）	无迟到、早退、旷课现象	10	
工作过程（60%）　旅行社服务质量评价标准	运用原理准确判断	6	
工作过程（60%）　产品设计与开发质量管理	运用原理准确分析	6	
工作过程（60%）　计调质量管理	运用原理准确分析	6	
工作过程（60%）　采购质量管理	运用原理准确分析	6	
工作过程（60%）　产品营销质量管理	运用原理准确分析	6	
工作过程（60%）　接待服务质量管理	运用原理准确分析	6	
工作过程（60%）　售后服务质量管理	运用原理准确分析	6	
工作过程（60%）　工作态度	态度端正，工作认真、主动	6	
工作过程（60%）　协调能力	能按计划完成工作任务	6	
工作过程（60%）　职业素质	与小组成员、同学之间能合作交流，协调工作	6	
项目成果（30%）　工作完整	能按时完成任务	10	
项目成果（30%）　工作规范	能按原理完成计算和案例分析	10	
项目成果（30%）　成果展示	能准确表达、汇报工作成果	10	
合计		100	

综合评价	学生自评（20%）	小组互评（30%）	教师评价（50%）	综合得分

🏠 拓展思考题

旅行社质量管理包括哪些方面？

①旅行社质量=旅行社企业生存的命脉+竞争最有力的武器+利润。

②旅行社质量管理中应做好预防工作。

③旅行社质量提升是全员的工作而非仅仅是管理人员的特权和义务。

④旅行社质量管理工作是射线状态的工作，而非线段式工作。

相关步骤

步骤1：智慧时代旅行社质量管理的内涵和作用

1.内涵

（1）旅行社质量管理是全面的质量管理

旅行社为旅游者提供产品和服务的过程，是涵盖了旅行社内部各个部门和外部各种相关组织相互协作的过程。这些外部组织包括住宿、餐饮、交通、景点、娱乐、保险等，这些组织的工作质量对旅行社产品和服务的整体质量有重要的影响。因此，旅行社质量管理必须是对旅游者的旅游活动所涉及的方方面面进行管理。

（2）旅行社质量管理是全过程的质量管理

旅行社提供产品和服务的过程，涵盖产品和服务的形成、使用和反馈等环节，旅行社质量管理要贯穿于整个过程，实施质量计划、质量控制、质量保证和质量改进等一系列活动。

（3）旅行社质量管理是全员参与的质量管理

旅行社质量管理要求旅行社的全体人员，以及外部组织中的相关人员，共同按照质量管理计划和质量标准的要求完成质量管理任务，达成质量管理目标。全体人员需要充分发挥积极性和主观能动性，在各项任务中通力协作，严把质量关。

2.作用

（1）保障旅游者的合法权益

当前，旅游市场的秩序还需进一步规范，部分旅行社之间恶性价格竞争、损害旅游者权益、遭受旅游投诉等现象还大量存在，旅行社实施质量管理，能够确保各项产品和服务按照严格的质量标准和程序执行，将能有效预防旅游质量投诉以及旅游事故。旅行社通过建立良好的质量管理应急机制，在旅游者的合法权益受到侵害时，能够确保旅游者依法获得相应的赔偿。

（2）提高旅行社的市场竞争力

质量是立业之本。旅行社实施质量管理，可以降低经营风险和经营成本，获取更多的市场溢价，有助于改变以往的低价竞争思想，打造持久的竞争优势，为长远的发展战略提供保障。

（3）树立旅行社在行业内的良好形象

有效的质量管理能确保旅行社提供的产品和服务满足旅游者的期望，甚至给旅游者创造高于期望的价值，从而获得旅游者的赞赏，增强口碑传播效应，有利于整个行业健康、持续的发展。

步骤2：智慧时代旅行社服务质量的评价标准

旅行社服务质量的评价标准可以分为旅行社内部评价标准和旅游者评价标准两个方面。

1.旅行社内部评价标准

①旅游线路设计是否合理，旅游项目是否丰富、是否能劳逸适度。

②能否顺利完成约定好的旅游行程，不耽误、不任意更改行程。

③在酒店档次、餐饮服务、车辆规格、导游水平、文娱节目等方面是否能遵照合同约定并保质保量地提供服务。

④是否能确保旅游者人身及财产的安全，确保其合法活动和个人生活不受干预。

⑤服务人员是否在职业道德、文化素养、服务技能上胜任旅游服务工作，有无能力创造良好的旅游氛围。

2.旅游者评价标准

①旅游者的预期质量与实际感知是否一致。旅游者将其旅游前预期质量不断地与实际旅游过程中感知的质量进行对比，如果两者一致，甚至实际感知超过了预期，则旅游者会对旅行社产品和服务产生积极的评价。

②过程质量与结果质量是否都能使旅游者满意。旅游者对旅行社质量的评价不仅仅是对购买产品和服务的过程进行评价，还会关注消费产品和服务之后的感知是否符合预期。当旅游者认为结果质量和过程质量都符合要求时，才会对旅行社的质量感到满意。

③服务是否按照严格的标准和程序来提供。高质量的服务一定有着严格的标准和程序，如旅游行程安排的规范性，导游服务技能的规范性，参观游览是否遵循既定的程序等，旅游者会根据执行这些规范的严格程度来判断旅行社的服务质量。

④旅游者在旅游活动过程中，可能遇到各种突发和意外情况，非常考验旅行社的综合处理能力。如行程的临时调整，旅游者身体上的不适，以及特殊的气候变化等，如果处理得当，则会大大提高旅游者的满意度；否则，将产生消极的影响。

步骤3：智慧时代旅行社产品设计与开发质量管理

①合理规划旅游线路，充分考虑时间、景区、交通、餐饮等因素进行科学设计。注意各个环节的协调，避免行程安排上松紧不当和出现以数量牺牲质量的情况，要确

保为旅游者提供优质的过程体验。

②线路上每个项目的取舍都要充分考虑到旅游者的需求，坚持从旅游者的利益出发，选取旅游价值相对大的景点和项目，对旅游价值小甚至没有价值的景点和项目要删除。注意衡量旅行社效益和旅游者利益之间的关系，防止价格欺骗和价格陷阱。

③线路的设计要充分考虑交通条件和交通工具是否匹配，尤其在旺季时，要对交通工具进行协调，避免因为交通工具安排不到位而影响行程的质量。

④线路的设计与开发要有创新性。充分挖掘新的旅游需求，增设新的线路或景点。对现有线路，要根据不同的旅游团体，创造不同的视觉和心理感受。可配合当前先进的信息技术优化体验的流程和内容，如线上模拟仿真体验与实地体验相配合等。

步骤4：智慧时代旅行社计调质量管理

计调工作是旅行社业务的核心，对旅行社服务质量起到决定性的作用。计调质量管理应从以下几方面加强：

①计调人员的业务素质是否符合计调工作质量要求。旅行社在选拔计调人员时要认真考核，并要经过一段时间的岗前培训，使其充分熟悉旅行社各个业务环节的性质内容和特点，确保旅行社产品的质量。

②协调能力是否能适应旅游业务的需要。旅游活动非常复杂，行程安排、景点选择、酒店落实、票务预订、用车调配等，非常考验计调的协调能力。计调部门要做好各个环节的协调工作，使旅游者在旅行中获得美好的体验，树立旅行社良好的品牌形象。

③计调人员能否按照相关规定做好各类信息的收集、存档，以及分析、传达。计调人员要能够通过这些工作为其他部门提供足量的、可供使用的资料，以及为旅行社的经营决策提供科学、合理的依据。

步骤5：智慧时代旅行社采购质量管理

旅行社通过向旅游供应商购买吃、住、行、游、购、娱等方面的中间服务满足旅游者的需要。因此，旅行社采购质量很大程度上取决于旅游供应商提供的设施和服务质量的好坏。要保障采购质量，须注意以下几个方面：

①严格按照相关的规章制度，对旅游供应商的基本条件进行界定，择优选取，明确需要考察的内容和筛选的程序等。

②严格检查旅游服务供应单位的服务设施状况是否良好，尤其是交通、餐饮相关配套是否达标。

③考察旅游服务供应商提供的服务是否符合国家和行业的标准，能否达到旅游产品本身的要求和旅游者的期望，服务质量好的单位是否具有持续性。

④衡量各服务供应商的协调能力，供应商服务的提供既要有过硬的质量，还要具备一定的弹性，以应对各种临时性、紧急性的需求。

步骤6：智慧时代旅行社产品营销质量管理

对产品营销质量的管理，必须以深度理解旅游者的需求，准确把握产品的卖点为前提。因而，产品营销质量的管理，实质上是确保如何把合适的旅游产品有效传递给合适的旅游者的过程，具体包括以下几方面。

1.定价质量管理

旅游产品的定价需要准确反映产品的质量，不同旅游产品的价格弹性不同。对缺乏弹性的旅游产品，可使用高端定价以扩大收益，然而，高端定价使旅游者对产品质量的要求更高，需要注意用更专业的、高标准的服务来匹配。

2.营销渠道质量管理

高质量的营销渠道需要根据目标受众的特点，让旅行社的产品以正确的数量、正确的时间和正确的地点进行传递。直接渠道和间接渠道相配合、实体渠道和网络渠道并行的策略，将使得产品更密集、广泛地与潜在旅游者接触。渠道质量管理包括渠道关系的稳定性、渠道合作、渠道冲突、渠道信任和渠道承诺等。订单量、交易额、旅游者获得的成本等，是衡量渠道质量的重要指标。

3.促销质量管理

要注意在广告宣传上，保证广告的真实性，充分兼顾产品的价值和旅游者的利益诉求。注意衡量各种销售促进方式的效果，应根据不同的产品和渠道进行具体的设计。

步骤7：智慧时代旅行社接待服务质量管理

接待服务是旅行社服务业特性最直接的体现，是影响旅游者服务体验的核心环节。因而，在旅行社质量管理中，尤其要注重接待服务的质量管理。对接待服务进行质量管理，前提是针对接待服务的每个方面，制定明确的服务标准和规范，依据标准开展相关的培训，依据标准进行相应的考核和评价。

1.接待服务的管理

旅游者的心理感受很大程度上受到接待服务态度的影响，让旅游者保持愉悦的服务体验就要做到接待服务态度热情友好，真心为旅游者着想，主动为旅游者解决遇到的难题，从而获取旅游者积极的评价。相关管理者在对以上要求做出明确规定的同时，要注意跟踪管理，及时处理服务投诉。

2.导游讲解水平的管理

导游在旅游者旅游体验过程中扮演着主导的角色，导游的讲解是旅游者获取旅游认知、评判旅游产品价值的重要影响因素。因此，导游的讲解必须经过专业的训练，准确、熟练、有吸引力，能够向旅游者传递价值。旅行社一方面要按照相应的标准对导游的讲解进行常规性、随机性的监督，确保每个导游的讲解质量；另一方面要对导游开展相关的培训，以提升导游讲解的技巧和水平。

3.接待业务能力的管理

旅行社需要对接待人员独立接待旅游者的能力和处理各种突发事件的能力进行管理。接待人员在独立接待旅游者的过程中，可能在交通、游览、住宿和饮食等环节面临着复杂的环境，各种意外频频发生。因此，旅行社要求接待人员要按照规范的标准进行操作，遇到问题需要及时向旅行社报告，同时也要求接待人员具备较强的预判能力和应急处理能力。

典型工作环节五　经营风险管理

姓名：　　　　　班级：　　　　　日期：

✕ 典型工作描述

　　智慧时代旅行社经营风险是指旅行社在经营过程中发生不利事件或损失的各种情况的总和。这些不利事件和损失将有可能导致旅行社的收益与风险不成正比，从而危及旅行社的生存和发展。旅行社经营风险是客观存在的，可能给企业带来重大的损失，使企业陷入经营危机。但经营风险又是可控的，如果进行有效的经营风险管理，加强风险的防范，就可以达到降低风险、减少损失的目的。

📖 学习目标

　　1.掌握经营风险管理的识别与评估；
　　2.理解智慧时代旅行社的风险种类。

📖 任务书

　　智慧时代旅行社经营风险是客观存在的，自身的经营管理问题是影响旅行社生存的核心，大部分的旅游事故是经营管理行为的后果。在旅游六要素中，行的风险事件占整体风险事件约50%，游的风险事件占整体风险事件约30%，住的风险事件占整体风险事件约11%，食的风险事件占整体风险事件约5%，娱的风险事件占整体风险事件约3%，购的风险事件占整体风险事件约1%。运用所学知识识别、规避旅行社经营风险，针对不同类型的风险，采取相应的控制措施。

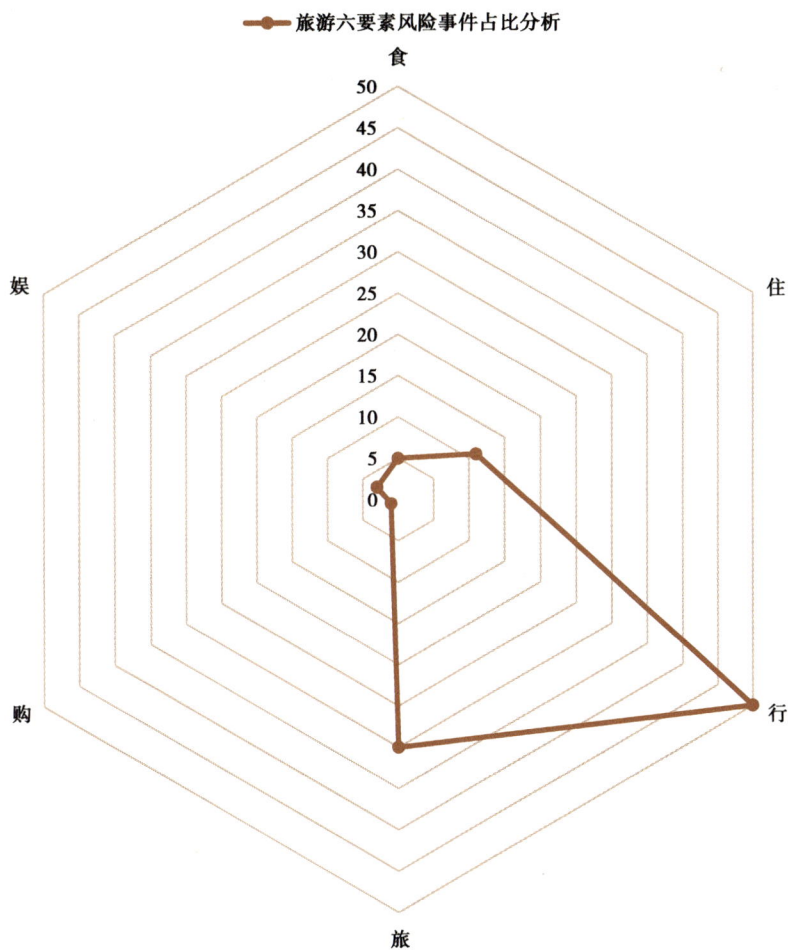

旅游六要素风险事件占比分析

任务分组

学生任务分配表

班级		组号		指导教师	
组长		学号			
组员					
任务分工					

🖥 工作准备

1.阅读工作任务书，再次熟悉设立智慧时代旅行社的经营风险管理。

2.准备智慧时代旅行社经营风险相关知识。

工作实施

（1）智慧时代旅行社经营风险管理

★ 引导问题1：智慧时代旅行社经营风险种类。

市场风险、责任风险、安全风险、财务风险。

案例：2009 年 9 月 10 日，游客王某与甲旅行社订立一份前往云南旅游的合同，9 月 18 日，王某乘坐的旅游车发生车祸，导致王某左腿骨折。王某治疗结束后对甲旅行社提出诉讼，要求赔偿各项人身损害费用 8 万元并退回旅游费，旅行社将索赔资料转交保险公司，要求保险公司理赔。

分析：怎样界定责任？如何赔偿？

小知识

智慧时代旅行社经营风险特征。

★ 引导问题2：智慧时代旅行社经营风险的识别。

○ 课堂讨论

材料1：旅行社是人才密集型企业，人力资源不仅在其全部资源中所占比重大，而且在其经营中所创造的效益也超过其他资源所创造的效益。与其他旅游企业相比，旅行社的人力资源在推动企业发展和实现企业预期经营目标方面所发挥的作用更为突出。因此，旅行社的人力资源除了具有一般人力资源的特征外，还应具有受教育程度高、知识范围广、专用技术强等特征，是一种高素质的人力资源。

材料2：目前我国规模较小的旅行社众多，员工数量有限，导致旅行社的岗位设置较为粗放，人员分工不够精细。因此，员工必须具备多样化的技能，能够承担不同岗位的工作，这样有利于培养出综合能力较强的员工，还可以节约人力成本。但是，由于分工不明确，人员归属不确定，容易导致整个企业的组织协调难度加大，对人力资源管理提出了较大的挑战。

材料3：绩效考评要求全面、科学地评定旅行社员工有效的绩效信息。然而，旅行社的业务独立性强，员工在执行具体工作任务时，往往是独自完成，导致缺乏有效的过程管理和监督，实际的工作效果难以判定。另外，旅行社的业务也具有分散性的特征，由于团队和线路的不同，员工工作的范围、时间、地点和内容都难以统一。这就要求绩效考评需要具体情况具体分析，抓大放小，采取灵活性强的标准，确保考核的客观公正。

小知识

旅行社经营风险识别的方法。

★ 引导问题3：智慧时代旅行社经营风险的评估，从以下几方面入手。

1.评估风险发生的概率

通过以往的数据确定类似风险的发生频率，一般以1年、3年、5年和10年为区间进行评估，并进一步估计风险发生的可能性，对其进行量化估计。

2.评估风险影响的对象

经营风险一旦发生，势必对旅行社的财务状况产生影响。旅行社的经营和发展战略也需要做出适当的调整。除了旅行社自身，经营风险还可能波及旅行社的各关系方，从而影响旅行社的利益链。

3.评估风险发生的影响程度

评估风险发生的影响程度主要从3个方面着手：估计风险对旅行社的发展战略和经营活动造成影响的程度；评估风险对旅行社财务状况的冲击程度；评估旅行社外部对风险的关注度。风险的影响力等级通常可分为特别重大损失、重大损失、较大损失、略有损失等几个等级。

4.综合评估风险的性质

根据发生的概率、影响对象和程度，可将风险定位为高、中、低3个等级。

★ 引导问题4：智慧时代旅行社经营风险的规避，从以下几方面入手。

1.强化风险意识

旅行社的经营风险可能存在于任何部门、任何过程、任何环节和任何主体，因此，需要运用各种宣传手段加强全员的风险意识，对旅行社自上而下进行风险意识培训，让全体员工掌握有效规避相关经营风险的手段和方法。

2.注重分散经营风险

旅行社的经营风险与经营模式存在很大关系，不同的经营模式可能带来的风险存在较大差别。因此，为分散经营风险，旅行社通常采取契约化经营和多元化经营的模式。随着旅行社发展规模的扩大，集团化经营也是常用的模式。

3.用保险来规避风险

保险是风险规避的重要手段，通过投保旅行社责任保险，为旅游者购买意外伤害保和第三者责任保险等，能够有效地规避旅行社的风险损失。

★ 引导问题5：智慧时代旅行社经营风险的市场控制。

在旅游市场开发和产品开发环节，通过科学的论证和可行性分析，提高市场开发和产品开发的准确性。在新产品投入市场之前进行必要的市场测试，以确定是否需要对产品进行改良。为避免"将所有鸡蛋放在同一个篮子里"可能带来的风险，通常采取市场多样化和产品多样化的策略，以分散风险。

★引导问题6：智慧时代旅行社经营风险的责任控制。

要控制责任风险，首先需要谨慎选择合作伙伴，充分评判合作伙伴的征信状况以及合同履行的能力；其次，要充分评估合同条款的合理性，自身的利益与责任是否均等，以及承担责任的能力是否具备等。在对待旅游者方面，要注意信守承诺，不夸大宣传，对不确定事项做出充分的告知。在旅行社内部，要强化员工的责任意识和合同意识，通过各种途径加强员工处理突发事件的能力和技巧。

★引导问题7：智慧时代旅行社经营风险的安全控制。

在旅游行程开始前，要熟悉各段线路的特点，提前识别安全隐患，做好防范措施；在行程开始后，要密切监视各类涉及人身安全和财产安全的因素，提醒旅游者时刻注意各种安全隐患。如果遭遇安全事故，必须注重事故处理的时效性，防止事故的进一步恶化，以免导致更大的损失。

● 评价反馈

（1）学生自我评价

学生自评表

班级：	姓名：	学号：		
评价项目	评价标准		分值	得分
旅行社经营风险种类	运用原理准确判断		10	
旅行社经营风险的识别	运用原理准确分析		10	
旅行社经营风险的评估	运用原理准确分析		10	
旅行社经营风险的规避	运用原理准确分析		10	
旅行社经营风险的市场控制	运用原理准确分析		10	
旅行社经营风险的责任控制	运用原理准确分析		10	
旅行社经营风险的安全控制	运用原理准确分析		10	
工作态度	态度端正，无缺勤、迟到、早退现象		6	
工作质量	能按计划完成工作任务		6	
协调能力	与小组成员、同学之间能合作交流，协调工作		6	
职业素质	能做到细心、严谨		6	
创新意识	材料及案例分析过程中有独到见解		6	
合计			100	

（2）学生互评

学生互评表

评价项目	分值	等级								评价对象（组别）					
										1	2	3	4	5	6
计划合理	10	优	10	良	9	中	7	差	6						
团队合作	10	优	10	良	9	中	7	差	6						
组织有序	10	优	10	良	9	中	7	差	6						
工作质量	20	优	20	良	18	中	14	差	12						
工作效率	10	优	10	良	9	中	7	差	6						
工作完整	10	优	10	良	9	中	7	差	6						
工作规范	10	优	10	良	9	中	7	差	6						
成果展示	20	优	20	良	18	中	14	差	12						
合计	100														

（3）教师评价

教师评价表

班级：	姓名：	学号：

项目一　旅行社设立及综合管理	典型工作环节五　经营风险管理		
评价项目	评价标准	分值	得分
考勤（10%）	无迟到、早退、旷课现象	10	
工作过程（60%）　旅行社经营风险种类	运用原理准确判断	6	
旅行社经营风险的识别	运用原理准确分析	6	
旅行社经营风险的评估	运用原理准确分析	6	
旅行社经营风险的规避	运用原理准确分析	6	
旅行社经营风险的市场控制	运用原理准确分析	6	
旅行社经营风险的责任控制	运用原理准确分析	6	
旅行社经营风险的安全控制	运用原理准确分析	6	
工作态度	态度端正，工作认真、主动	6	
协调能力	能按计划完成工作任务	6	
职业素质	与小组成员、同学之间能合作交流，协调工作	6	
项目成果（30%）　工作完整	能按时完成任务	10	
工作规范	能按原理完成计算和案例分析	10	
成果展示	能准确表达、汇报工作成果	10	
合计		100	
综合评价	学生自评（20%）　小组互评（30%）　教师评价（50%）		综合得分

🏠 拓展思考题

大数据与旅行社精准营销

大数据的定义：一种规模达到在获取、存储、管理、分析方面大大超出了传统数据库软件工具能力范围的数据集合。海量的数据规模、快速的数据流转、多样的数据类型和价值密度低是大数据的四大特征。大数据应用的关键在于提高对数据的"加工能力"，通过"加工"实现数据的"增值"。精准营销主要指充分利用各种新式媒体，将营销信息准确地推送到受众群体中，有助于提高营销的效果和降低营销成本。

大数据与精准营销的结合，可以给旅行社带来如下启示：

①充分利用参团报名表获取游客的数据信息，包括游客的基本状况、参团次数、消费水平和消费习惯等。

②建立游客会员系统，定期对会员进行回访，调查客户的满意度及收集意见，举办客户座谈会、交流会，共同探讨旅游产品的开发。

③利用大数据收集游客信息，对游客实施人性化的关怀，如节日问候、生日优惠、精准推送等，有助于培养客户的忠诚度。有业内人士将旅游大数据比作"聚宝盆"，需要充分地挖掘大数据的价值。目前，老年旅游市场、亲子游旅行市场都较为火爆，如果旅行社能够利用大数据开展精准营销，主动为游客提供优质的服务，必定能打开旅行社发展的新局面。

🏫 相关步骤

步骤1：财务风险的控制

注意对财务报表进行规律性的监测，及时报告发现的问题。执行严格的信用制度，减少坏账的产生，并注意做好催账的准备，建立合理的现金流制度，避免引发财务危机，采取先付款后接待的措施，尽可能降低财务风险。

步骤2：信息化时代给旅行社带来的机遇

信息化虽然给旅行社带来了挑战，但也给旅行社带来了更加广阔的市场、全新的产品销售渠道和销售模式，给旅游产品的促销带来了更为多样化的方式，大大拉近了与消费者之间的距离。作为旅行社的管理者，应该敏锐地意识到信息化带来的巨大利益，积极投入到信息化建设中。信息化的手段多种多样，旅行社需要针对自身的发展实际，在成本和效益之间进行充分的比较，使信息化成为企业竞争的利器。为此，旅行社应加强对员工的信息化培训，使员工尽快熟悉信息平台或系统的操作方式和流程，掌握信息化管理和运用的技术，习惯信息化的工作方式、工作环境和工作语言。

项目二

旅行社计调采购业务

≫ 项目导读

采购业务作为旅行社计调非常重要的一项任务，也是旅行社经营中节省成本的重要环节。本项目包含五个典型工作环节：了解采购业务基本流程和采购策略、选择采购协作对象、签订采购合同、完成采购工作、加强采购业务管理。

≫ 学习目标

通过本项目的学习，学生应了解采购业务的内容，理解计调采购业务中与相关部门合作的注意事项，熟悉计调采购业务中各种预订单、变更单、费用结算单，掌握计调采购业务的程序和方法。

≫ 知识地图

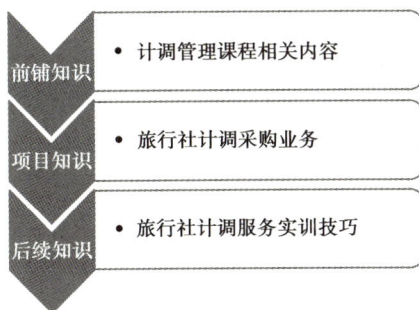

典型工作环节一　准备采购业务

姓名：　　　　　班级：　　　　　日期：

🔧 典型工作描述

旅行社计调采购业务是旅行社节省成本非常重要的环节。在采购时要综合考虑各种因素，有针对性地调整采购策略。

📚 学习目标

1.掌握旅行社计调采购业务的基本流程；

2.掌握旅行社计调采购业务的策略。

📖 任务书

根据给定的案例内容，综合考虑内外部因素运用采购策略做案例分析以及定制旅行社采购业务。

👥 任务分组

学生任务分配表

班级		组号		指导教师	
组长		学号			
组员					

任务分工

🖥 工作准备

1.阅读工作任务书，再次熟悉旅行社采购业务和策略内容。

2.网上查阅一些旅行社的采购合同，熟悉采购内容。

🔲 工作实施

（1）旅行社计调采购业务基本流程

★ 引导问题1：根据采购业务基本流程完成下列表格。

流程	工作内容	重点	标准
选择采购对象	①根据本旅行社的经营计划及外联部的业务计划，组织采购人员调查、收集餐饮部门、宾馆、交通部门、游览单位、娱乐部门、购物商店、地接社的相关信息资料。 ②经过初步筛选后，对基本符合旅行社要求的协作单位实地考察。 ③经过实地考察后，综合考虑各方面的因素，与符合旅行社要求的协作单位联系，初步协商合作事宜		
签订《合作协议书》	①采购人员根据协商的结果，利用本社的标准采购合同文本，拟订《合作协议书》。 ②经签署的《合作协议书》编号存档后，送外联部、接待部、财务部等相关部门备案		
整理相关资料	把签约单位的相关资料及规定整理成列表，并发给相关部门，相关部门的工作人员应熟悉列表中的内容，以便开展工作		
落实订购工作	计调根据外联人员的业务开展情况，制订接待计划，并落实具体的订购工作		
报账结算	计调部及接待部工作人员根据《合作协议书》中的相关规定，及时将发生的费用及明细账报给财务部，财务部根据本社的财务管理规定及《合作协议书》中的规定，审核、确认相关账目无误后办理结算和付款		

（2）旅行社产品采购策略

★ 引导问题2：运用集中采购策略进行采购。

案例：

广之旅旅行社联合全国各地近20家网络成员旅行社，通过招标的形式，对云南游、西藏游的地接服务进行了集团采购招标，使该社的地接成本比去年同时期降低了三成，市民参加西藏双飞8日游只需2 980元。

据广之旅介绍，这次招标采购直接从50家酒店、餐厅、汽车公司等单位中挑选了十多个有实力的单位，签订合作协议，作为全年固定的团队接待单位。这样在旅游旺季时，宾馆酒店、旅游车辆、景点门票都会更有保障，其价位也会更加低廉。据了解，广之旅在近期推出的震撼全城的1 980元香格里拉、昆明、大理、丽江双飞六日游和2 980元西藏双飞8日游等特价线路（比去年同期降了2 250元，比此前的最低价4 780元降了1 800元），正是建立在此规模采购基础上的。

请分析集中采购的优势。

小知识

集中采购策略的含义大概体现在以下两个方面：一是指统一对外采购，也就是说旅行社将本社各部门的采购活动都集中起来，统一由一个部门对外采购；二是指统一供应商，即旅行社将一个时间段内所需要的旅游服务项目集中起来，统一向经过精心挑选的一个或多个供应商采购服务项目。

商品交易的一般规律是购买量越大、交易次数越少，交易的价格会更低廉。旅行社实行集中采购的目的就是通过扩大采购量、减少采购批次来获得更好的交易条件，从而降低采购价格和采购成本。

★ 引导问题3：运用分散策略进行采购。

案例：乐游旅行社接待了一个20多人的入境团队，因为是非旅游旺季，有一些风味餐厅也愿意接待旅游团队。为了安排游客品尝当地风味菜，该旅行社安排旅游团在市中心的一家餐厅就餐，该餐厅并非之前统一采购的。该旅游团的游客到达后被安排在包间里就餐。由于该餐馆在当地的名气很大，因此就餐的客人很多。外宾游客就座后，服务员端上了茶水和饮料，以及精美的菜肴。菜肴十分可口，服务员的服务也很热情周到。餐厅的四周安放了电视机，正在播放当地的一场民俗活动。精彩场面不时引起就餐客人的喝彩声。旅游团的客人吃完饭，还加入其他当地居民的行列，一起欣赏民俗活动，整个晚上游客都在轻松愉快的气氛中度过，回去后游客也对此次活动的安排给予了表扬。

请分析分散策略的优势以及适用的场合。

小知识

在有的情况下，旅行社还要采取一团一购甚至一团多购的分散采购策略。

①旅游市场出现严重的供过于求，旅游服务供应商无法在近期内通过其他渠道获得大量的购买者，而旅游服务又无法储存或转移，这时旅游服务供应商迫切需要寻找买主，以便将大量空闲的旅游服务项目售出。在这种情况下，购买者处于有利的谈判地位，旅行社此时采取一团一购或一团多购的方式可以充分利用对己有利的局面获得最优惠的价格。

②旅游市场因旅游旺季的到来而供不应求，旅行社无法从一个或少数几个旅游服务供应商那里获得其所需要的旅游服务项目，这时，旅行社只能采取分散采购策略，广开门路，设法从其他旅游服务供应商那里获得所需要的旅游服务。

★ 引导问题4：建立采购协作网络进行采购。

案例：

假定某航空公司一架100个座位的飞机从伦敦到雅典做一次往返飞行，其固定成本为8 000英镑，变动成本为每位乘客10英镑。已知航空公司通常销售60张机票，每张机票售价144英镑，则其盈利状况如何？

与旅行社合作，委托旅行社代售25张机票，每张机票售价为60英镑，另付旅行社佣金5%，则盈利情况如何？

请算出两种情况下航空公司的盈利情况，并说明建立采购协作网络的优势。

小知识

旅行社采购协作网络是指旅行社与其他旅游服务供应部门或企业的互利合作的关系网络。旅行社通过与其他旅游服务供应部门或企业洽谈合作内容与合作方式，签订有关合同或协议，明确双方的权利义务关系及违约责任，从而保证旅行社所需旅游服务的供给，降低旅行社采购的成本。

下面介绍旅行社建立采购协作网络的意义。

①通过采购协作网络，旅行社就有可能获得更优惠的采购价格和更高质量的服务，这样旅行社才有可能把购买成本降下来，从而增强企业的竞争力。

②由于采购协作网络的存在，旅行社与其他合作单位形成了长期的协作关系，双方都知根知底，相互间的信任感会加强，这使旅行社的交易安全得到了保证。同时，相互信任的气氛也有利于旅行社降低整个企业的运营成本。

③一项旅游产品涉及"食、住、行、游、购、娱"6个方面，往往包含餐饮、住宿、交通等多项服务，这些服务项目多数是旅行社不具备的。旅行社产品具有高度的综合性，因此，旅行社要顺利地组合自己的旅游产品并将其顺利销售出去，就必须与相关的旅游服务供应部门或企业进行协作，从这些单位采购自己所需要的服务项目。否则，旅行社的工作将无法进行。

④旅行社工作具有强烈的季节性特点，在旅游旺季到来时，旅游服务的供应全面紧张，这时如果旅行社临时去联络供应单位，旅行社所需的服务项目将难以得到保证，而一个采购协作网络的存在将增强旅行社获得紧缺服务的能力。在旅游淡季或出现旅游服务供过于求的情况时，一个采购协作网络的存在也将使旅行社更容易取得一个优惠的价格。

● 评价反馈

（1）学生自我评价

学生自评表

班级：	姓名：	学号：	

评价项目	评价标准	分值	得分
采购业务流程	1. 不漏项；2. 重点把握清楚	15	
运用集中采购策略采购	运用原理准确分析案例	15	
运用分散策略采购	运用原理准确分析案例	15	
建立采购协作网络采购	运用原理准确分析案例	15	
工作态度	态度端正，无缺勤、迟到、早退现象	8	
工作质量	能按计划完成工作任务	8	
协调能力	与小组成员、同学之间能合作交流，协调工作	8	
职业素质	能做到细心、严谨	8	
创新意识	案例分析过程中有独到见解	8	
合计		100	

（2）学生互评

学生互评表

评价项目	分值	等级							评价对象（组别）					
									1	2	3	4	5	6
计划合理	10	优	10	良	9	中	7	差	6					
团队合作	10	优	10	良	9	中	7	差	6					
组织有序	10	优	10	良	9	中	7	差	6					
工作质量	20	优	20	良	18	中	14	差	12					
工作效率	10	优	10	良	9	中	7	差	6					
工作完整	10	优	10	良	9	中	7	差	6					
工作规范	10	优	10	良	9	中	7	差	6					
成果展示	20	优	20	良	18	中	14	差	12					
合计	100													

（3）教师评价

教师评价表

班级：		姓名：		学号：	
项目二　旅行社采购业务		**典型工作环节一　准备采购业务**			
评价项目		评价标准		分值	得分
考勤（10%）		无迟到、早退、旷课现象		10	
工作过程（60%）	采购业务流程	1. 不漏项；2. 重点把握清楚		10	
	运用集中采购策略采购	运用原理准确分析案例		10	
	运用分散策略采购	运用原理准确分析案例		10	
	建立采购协作网络采购	运用原理准确分析案例		10	
	工作态度	态度端正，无缺勤、迟到、早退现象		4	
	工作质量	能按计划完成工作任务		4	
	协调能力	与小组成员、同学之间能合作交流，协调工作		4	
	职业素质	能做到细心、严谨		4	
	创新意识	案例分析过程中有独到见解		4	
项目成果（30%）	工作完整	能按时完成任务		10	
	工作规范	能按原理完成计算和案例分析		10	
	成果展示	能准确表达、汇报工作成果		10	
合计				100	
综合评价	学生自评（20%）	小组互评（30%）	教师评价（50%）	综合得分	

🏠 拓展思考题

李小姐利用周末参加了一家旅行社组织的"周末郊区观光2日游"活动，并与旅行社签订了旅游合同，双方约定住宿标准为三星级酒店。星期六的游览活动结束后，导游员将旅游团安排在一家酒店入住。李小姐进入房间后发现，客房设施陈旧，水龙头里流出的水都是浑浊的，房间似乎很久都没人住了，散发着霉味。李小姐当即找到旅行社导游，认为入住的酒店不是三星级，要求更换。导游员坚持所安排的酒店是三星级，并拉着李小姐来到酒店大堂，让李小姐查看悬挂在大堂墙上的由国家旅游局颁发的三星级酒店的标牌。但是，李小姐仍然对酒店的星级表示怀疑，并向旅行社投诉。

请思考：李小姐这次的采购成功吗？为什么？

📇 相关步骤

步骤1：了解旅行社采购的含义

旅行社采购是指旅行社为了完成一次旅行，对于自己不拥有的旅游产品，旅行社向其他相关企业购买旅游服务项目的行为。这些相关企业包括航空公司、铁路、轮船公司、酒店、餐厅、景点以及娱乐场所等。对于组团社而言，还要采购接待社的产品，主要包括接待社的接待服务、导游服务、提供行李运送和托运服务等。

步骤2：掌握旅行社采购的原则

采购旅游服务，一方面要保证购买到保质保量的、符合要求的服务，另一方面要尽量降低成本。具体把握以下原则：

1.首要原则：保证供应

各采购项目及时到位，是旅行社顺利销售的先决条件。因此，保证旅行社能采购到旅游者所需要的各种服务是采购的首要原则。旅行社在预售产品的时候，一般都会向游客说明该产品中包含哪些服务及服务的品质标准。如果由于采购工作的失误，不能完全兑现先前的"诺言"（如游客无法乘坐规定航班的飞机、住不上规定的饭店客房、吃不到应吃的餐食等），都可能引起游客的不满甚至投诉，进而影响旅行社的声誉。尤其是在旅游旺季的旅游热点地区，旅游需求远远大于旅游供给，旅行社能否拿到机票、客房往往成为旅行社能否招徕游客、实现销售的关键。

值得注意的是，这里所说的"保证供应"不仅包含"量"的保证，也包含"质"的保证。只有"量"没有"质"的保证不是真正的保证。例如，旅行社在预售其产品时，说明该产品提供的住宿条件是四星级标准客房，那么，旅行社在住宿服务的采购上也应保证采购到足够的四星级标准客房的住宿服务，否则极易引起旅游者的不满和投诉，给旅行社造成经济损失和信誉损害。

2.基本原则：降低成本

旅行社采购中的保证供应只是为旅行社创造利润提供了前提，并不表示旅行社一定能获利。利润是总收入减去总支出的差额，在总收入不变的情况下，支出越少，利润越大。在旅行社的产品成本中，直接成本（向其他旅游企业采购各项旅游服务所需的费用）占大部分。因此，旅行社降低成本的着眼点应放在采购价格方面。如果旅行社能够以优惠的价格购买到旅游服务，必然会降低旅行社成本，增加旅行社的利润。同时，由于旅行社的采购成本低，使旅行社有条件降低旅游产品的价格，也有条件通过低价销售策略吸引到更多的客源，旅行社的竞争力也由此而增强。

降低采购成本是旅行社提高竞争力的重要因素，但要完全把握旅行社的采购成本并不是一件容易的事。这首先是因为构成采购成本主体的车票、景区景点门票、客房房价经常处于变动之中。其次是因为旅行社的产品报价与旅行社将产品销售出去之间存在时间差，换句话说，是旅行社产品售出的时间总是落后于旅游服务的采购时间，如果遇到服务价格下降，旅游者会要求旅行社也下调价格，为稳住客源，旅行社往往不得不降价；如果遇到服务价格上涨，旅行社却很难做到立即将产品价格抬上去，这无疑增加了旅行社的经营风险。

步骤3：建立旅行社采购协作网络

要建立好旅行社采购协作网络，也需要掌握好相关原则。

第一，覆盖面尽可能地广泛。这一方面是指旅行社的采购协作网络应该覆盖旅行社可能需要采购的一切服务领域，如交通、餐饮、住宿、景区景点、娱乐等；另一方面是指在同一服务领域内，旅行社应尽可能与更多的、不同规模和档次的旅游服务供应者建立协作关系。

第二，保持双赢、互惠互利的原则。互惠互利是旅行社与旅游服务供应部门和企业之间的合作基石。只有合作双方都能够获得利益，合作关系才有可能长久；否则，合作关系将难以维持。

第三，诚实守信原则。在合作过程中，旅行社应严格按合同的要求履行合同义务，在出现违约时主动及时地承担责任。同时，要自觉遵守商业道德，做到言而有信，以诚相待。

步骤4：注意其他采购事项

加强对采购合同的管理。

合同是人们在生活和生产活动中进行交换时经常需要借助的一种形式，在不违反法律强制性规定的前提下，尽可能地保证双方当事人的利益，最大限度地避免可能发生的纠纷。旅游采购是一种预约性的批发交易，是一次谈判、多次成交的业务，谈判和成交之间既有时间间隔，又可能会有数量差距。

旅游采购的这种特点，使旅行社与协作部门之间为预防各种纠纷的发生而事先签订采购合同显得尤为重要。但由于旅游业竞争激烈，旅行社一般没有相对固定的采购协作网络，一些旅行社在认识上存在偏差，因此很少使用采购合同，这也是造成目前买卖双方纠纷较多的原因之一。旅行社应重视合同的作用，与协作部门通过合同这一形式进行更规范的合作，这样既保证了双方的利益，也有利于我国旅行社行业的健康发展。

典型工作环节二　确定协作对象

姓名：　　　　　班级：　　　　　日期：

✕ 典型工作描述

　　旅行社计调采购业务是旅行社节省成本非常重要的环节。首先要知道选择采购协作对象，同时要综合考虑各种因素，根据实际情况了解全面信息。

学习目标

　　1.掌握旅行社计调采购协作对象；

　　2.掌握采购协作对象信息，建立采购协作网络。

任务书

　　根据给定的案例内容，熟悉了解采购协作对象，并能够根据掌握的信息建立采购协作网络。

👥 任务分组

学生任务分配表

班级		组号		指导教师	
组长		学号			
组员					
任务分工					

🖥️ 工作准备

1.阅读工作任务书，再次熟悉旅行社采购协作对象。

2.网上查阅采购协作对象信息，建立采购协作网络。

⊞ 工作实施

（1）确定应建立协作的采购对象

⭐ 引导问题1：北工院旅行社安排你进行采购，你认为旅行社应与哪些单位建立协作关系?完成下列表格。

序号	采购对象	必要性级别及原因	采购的渠道
1		非常 一般 可选可不选	
2		非常 一般 可选可不选	
3		非常 一般 可选可不选	
4		非常 一般 可选可不选	
5		非常 一般 可选可不选	
6		非常 一般 可选可不选	
7		非常 一般 可选可不选	
8		非常 一般 可选可不选	

（2）收集采购对象的资料

★引导问题2：收集交通方式的资料时，需要了解它们的优缺点。

交通方式	优点	缺点

★引导问题3：请阅读材料后讨论，高铁的出现和普及会给旅行社经营带来什么变化？

材料一：我国城际铁路、高速铁路、客运专线从无到有，发展突飞猛进，取得了举世瞩目的成就。2019年年底，全国铁路运营里程已达到13.9万千米，仅次于美国，居世界第二。其中，高铁运营里程已达到3.5万千米，占全球高铁总里程的三分之二以上。目前，中国已经成为世界上高速铁路发展最快、系统技术最全、集成能力最强、运营里程最长、运行速度最高、在建规模最大的国家。

材料二：我国铁路旅客运输量持续增长，2012年为18.93亿人次，2019年达到36.6亿人次，铁路旅客运输量约占各种运输方式完成旅客运输量的20%。其中，2019年包括高铁在内的动车组发送旅客22.9亿人次，占铁路旅客运输量的62%。

★ 引导问题4：收集餐饮和住宿资料时，需要关注相应的价格、规模、位置、卫生、评价等。

案例：

请分析该酒店的相关信息。

（3）实地考察

在收集采购对象的资料时，往往需要网上收集相关信息。因为有些信息会比较过时，或者甚至有虚假情况存在，所以一定要实地考察。

★ 引导问题5：

案例：李小姐利用周末参加了一家旅行社组织的"周末郊区观光二日游"活动，并与旅行社签订了旅游合同，双方约定住宿标准为三星级酒店。星期六的游览活动结束后，导游员将旅游团安排在一家酒店入住。李小姐进入房间后发现，客房设施陈旧，水龙头里流出的水都是浑浊的，房间似乎很久都没人住了，散发着霉味。李小姐当即找到旅行社导游，认为入住的酒店不是三星级，要求更换。导游员坚持所安排的酒店是三星级，并拉着李小姐来到酒店大堂，让李小姐查看悬挂在大堂墙上的由国家旅游局颁发的三星级酒店的标牌。但是，李小姐仍然对酒店的星级表示怀疑，并向旅行社投诉。

请思考本次投诉产生的直接原因和背后原因是什么？

（4）协商合作事宜

经过实地考察后，综合考虑各方面的因素，与符合旅行社要求的协作单位联系，初步协商合作事宜。

★ 引导问题6：

案例：2001年，是中国共产党成立八十周年的重要年份，一些高校打算组织学生到革命老区进行革命传统教育。天津观光旅行社总经理周凯认为，红色旅游将被旅游者看好，会成为吸引旅游者的新产品。周凯决定在旅游旺季到来之前，抢先采购足够的客房以迎接即将到来的红色旅游潮。

　　周凯在2001年2月来到河北省平山县西柏坡村，包租西柏坡村接待旅游者的全部住宿设施，租期为当年3月至10月底。西柏坡村委会认为，往年的旅游旺季时，这里的旅游接待设施基本上能够住满游客，但在其他时间里，这些设施往往闲置。现在周凯能够包租这些设施，使村委会免去了招徕游客之苦，而且能够得到稳定的收入，对于村里来说，这无疑是一件大好事。因此，村委会爽快地答应了周凯的要求，双方以较低的价格成交。

　　周凯充分利用这一有利的客房价格优势，在天津市大力招徕和组织游客前往西柏坡参观、学习。由于事先包租了充足的客房，因此天津观光旅行社组织的游客在西柏坡参观、学习期间，从未在住宿方面遇到过任何困难。相反，其他旅行社因无法在当地找到住宿设施，被迫安排其游客到平山县城，甚至石家庄的旅馆下榻，每天需要驱车数十分钟甚至一两个小时才可以达到住宿地。有时，天津观光旅行社未能组织到足够的客源，便将多余的客房转租给其他旅行社。这样，天津观光旅行社既帮助了同行，又获得了更多的收益。

　　请分析天津观光旅行社在采购西柏坡旅游住宿服务方面协商达成一致的原因。

　　（5）选定合作对象

　　★引导问题7：

　　案例：（接上述案例）周凯充分利用这一有利的客房价格优势，在天津市大力招徕和组织游客前往西柏坡参观、学习。由于事先包租了充足的客房，所以，天津观光旅行社组织的游客在西柏坡参观、学习期间，从未在住宿方面遇到过任何困难。相反，其他旅行社因无法在当地找到住宿设施，被迫安排其游客到平山县城，甚至石家庄的旅馆下榻，每天需要驱车数十分钟甚至1～2个小时才可以达到住宿地。有时，天津观光旅行社未能组织到足够的客源，便将多余的客房转租给其他旅行社。这样，天津观光旅行社既帮助了同行，又获得了更多的收益。

　　请分析天津观光旅行社在采购西柏坡旅游住宿服务方面的成功之处。

● 评价反馈

（1）学生自我评价

学生自评表

班级：　　　　　　　　姓名：　　　　　　　　学号：

评价项目	评价标准	分值	得分
确定采购协作对象	1. 不漏项；2. 重点把握清楚	10	
收集交通方式资料	运用原理准确分析案例	10	
收集住宿餐饮资料	运用原理准确分析案例	10	
实地考察	运用原理准确分析案例	10	
协商合作事宜	运用原理准确分析案例	10	
选定合作对象	运用原理准确分析案例	10	
工作态度	态度端正，无缺勤、迟到、早退现象	8	
工作质量	能按计划完成工作任务	8	
协调能力	与小组成员、同学之间能合作交流，协调工作	8	
职业素质	能做到细心、严谨	8	
创新意识	案例分析过程中有独到见解	8	
合计		100	

（2）学生互评

学生互评表

评价项目	分值	等级								评价对象（组别）					
										1	2	3	4	5	6
计划合理	10	优	10	良	9	中	7	差	6						
团队合作	10	优	10	良	9	中	7	差	6						
组织有序	10	优	10	良	9	中	7	差	6						
工作质量	20	优	20	良	18	中	14	差	12						
工作效率	10	优	10	良	9	中	7	差	6						
工作完整	10	优	10	良	9	中	7	差	6						
工作规范	10	优	10	良	9	中	7	差	6						
成果展示	20	优	20	良	18	中	14	差	12						
合计	100														

（3）教师评价

教师评价表

班级：		姓名：	学号：	
项目二 旅行社采购业务		**典型工作环节二 确定协作对象**		
评价项目		**评价标准**	**分值**	**得分**
考勤（10%）		无迟到、早退、旷课现象	10	
工作过程（60%）	确定采购协作对象	1. 不漏项；2. 重点把握清楚	8	
	收集交通方式资料	运用原理准确分析案例	8	
	收集住宿餐饮资料	运用原理准确分析案例	8	
	实地考察	运用原理准确分析案例	8	
	协商合作事宜	运用原理准确分析案例	8	
	选定合作对象	运用原理准确分析案例	8	
	工作态度	态度端正，无缺勤、迟到、早退现象	2	
	工作质量	能按计划完成工作任务	2	
	协调能力	与小组成员、同学之间能合作交流，协调工作	3	
	职业素质	能做到细心、严谨	3	
	创新意识	案例分析过程中有独到见解	2	
项目成果（30%）	工作完整	能按时完成任务	10	
	工作规范	能按原理完成计算和案例分析	10	
	成果展示	能准确表达、汇报工作成果	10	
合计			100	
综合评价		学生自评（20%）	小组互评（30%）	教师评价（50%）	综合得分

拓展思考题

每年春节前后是海南省三亚市的旅游旺季。某旅行社估计届时能组织到足够的客源去三亚旅游，于是想事先在三亚市区预订宾馆，但谈了好几家宾馆，都因折扣问题未达成协议。果然，这年冬天报名参加三亚游的人很多，但此时三亚的宾馆房间已很难订到了。由于不能得到足够的床位，该旅行社的接待能力受到很大影响。旺季过后，三亚某饭店推出了极优惠的团体预订价格，该旅行社吸取前次没有预订的教训，大量预订床位。虽然经过艰苦努力，床位都发挥了作用。但旅行社最终发现，与三亚其他宾馆在淡季时推出的价格相比，旅行社的团体预订价格并不算优惠。

请问：该旅行社在住宿服务采购中存在哪些错误？

工作流程

步骤1：选择住宿服务企业

目前，有条件提供住宿服务的企业有很多，宾馆、饭店、旅馆、招待所、度假村、疗养院等都可提供住宿服务。这两年特色化民宿作为住宿业的一颗新星，给住宿业带来了生机和活力，同时给游客也带来了更加舒适、个性化的体验。但各个企业的基础条件、服务特色不尽相同，不管是高档酒店还是基础招待所，其服务必定会有差异。因此，旅行社的采购人员应从坐落地点、经营方向、设施设备、服务项目、停车场等方面全面考察各个企业的综合服务条件，权衡利弊，选择适合自己需要的企业作为合作伙伴。

1.坐落地点

不同的旅游者对住宿点的坐落有不同的要求。大多数旅游者普遍希望住在市中心繁华地段，交通便利，购物方便，参观市容也方便，那么就可以把这样的游客的住宿地安排在城市；如果游客想要方便参观，那么就可以把旅游者安排在景区、景点较集中的地方；如果游客喜欢幽静、雅致的环境，一般是休闲度假的旅游者多，就可以安排在度假村；如果是商务旅游者、观光旅游者，他们多喜欢热闹的环境，那么就可以安排在离市中心不远的民宿或者度假村；长期旅游者对住宿环境要求较苛求，而短期旅游者对住宿点的位置不太关心。旅行社应根据团队的不同特点，选择位置合适的住宿地。

2.经营方向

不同类型的住宿服务企业，其经营方向可能会有差别。有的住宿服务企业以散客为主要客源，有的以会议旅游者为主要客源，有的以旅游团队为主要服务对象。

3.设施设备

不同住宿服务企业的设施设备有很大差别。旅行社应了解这些企业的设施设备情况，如有没有会议室、商务中心、宴会厅、健身房、多功能厅等，以便根据实际需要做出选择。

4.服务项目

这主要是看住宿服务企业有哪些服务项目，能不能满足本旅行社所接待团队的服务要求，尤其是一些特别要求，如记者的稿件传送、残疾人的照料、现代化会议服务等。

5.停车场

不是所有的团队都要求有停车场，但有的大型团队却把有无停车场作为一个必须考虑的因素。

步骤2：采购餐饮服务

餐饮服务采购是指旅行社为满足旅游者在旅游过程中的餐饮需要而进行的采购业务。旅行社采购人员在采购餐饮服务时，要综合考虑旅游者的饮食习惯、消费水平和餐馆的卫生条件、餐饮产品的质量和数量、服务等情况，选择合适的餐馆。

定点采购是旅行社在采购餐饮服务时常用的方法。所谓定点采购，是指旅行社在对餐饮企业进行综合考察和筛选后，选出一个或多个餐馆作为旅行社的定点餐厅，进行长期合作。合作前，旅行社一般要与定点餐厅进行协商，就不同等级的用餐标准、价格、退订细则和办法、折扣、详细菜单等达成协议，双方按协议自觉履行义务。

步骤3：采购旅游购物和娱乐服务

在某些旅游团队中，旅游购物和娱乐服务是必不可少的内容。旅行社组织好这两项活动，不仅能满足游客的需要，提高他们对接待工作的满意程度，还能为当地经济发展做出贡献。旅行社在采购旅游购物服务时，应对当地的商店、专业市场有详细的了解，并选择一批信誉好，商品品种齐全、价格合理、品质优良、有地方特色的商店、专业市场作为相对固定的购物点。在采购娱乐服务时，旅行社要了解旅游者的需求，根据旅游者的年龄、性别、文化程度、经济状况安排恰当的娱乐项目。旅行社要遵守国家的法律和规定，不带游客去不安全、不健康和不文明的场所。

步骤4：采购旅行社接待服务

旅行社接待服务采购是指组团社向旅游目的地旅行社采购接待服务的一种采购业务。由于旅游服务的综合性和复杂性，旅行社在接待团队的过程中，难以承担全部的接待工作。尤其是旅游目的地的接待工作，如果都由组团社完成，不仅不经济，而且组团社还可能没有这个能力。因此，组团社经常要与地接社联系，向地接社购买接待服务。为保障旅游服务的质量，组团社应有针对性地选择一个或数个旅行社作为长期合作伙伴，签订合作协议。选择地接社的标准一般有以下几条：

①信誉良好。地接社的接待质量直接影响组团社的信誉，因此，组团社在选择地接社时应首先看它是否具备良好的信誉。这一点可以从该旅行社的经营历史资料和公众的评价中得到证明，同时也可以从双方的合作中得到证实。

②较强的接待能力。地接社不仅要承担组团社的一些接待工作，还要承担组团社委托的大量采购工作，这对地接社的接待能力提出了较高的要求，再加上旅游服务工作经常要面对很多复杂的情况，如临时增订和退订等，只有能力强的地接社才能更好地完成组团社的接待和采购任务。

③收费合理。地接社的收费不能过高，应控制在旅游者和组团社能接受的范围之内。地接社也不能以各种借口违反事先达成的协议，擅自提高收费标准或增加收费项目，还不得随意降低接待服务的标准，损害旅游者和组团社的利益。

步骤5：掌握航班基本知识

目前，航空交通分为定期航班服务和旅游包机服务。定期航班服务是民航按照已对外公布的航班时刻表飞行的民航服务；旅游包机服务是一种不定期的航空包机服务，可按照旅行社的要求安排时间和路线。

旅行社的航空交通服务主要是定期航班服务。但是在旅游旺季的旅游热点地区或正常航班较少或没有的地区，旅行社因无法满足旅游者乘坐正常航班的要求，也时常采取旅游包机服务这一形式。有时，旅行社在接待过程中发生误机事故后也会采取旅游包机方式将旅游者尽快送达目的地。

步骤6：采购旅游专列

旅游专列是指在开行时间和线路上进行特别安排，以运送旅游团队为目的的专线列车（不包括常规运营的旅游列车）。由于旅游专列载客量大，又具有一定的舒适度，因此近年来发展很快。

尽管旅游专列有很大的优势，但要组织一趟旅游专列却受许多因素的制约，旅行社应充分考虑这些因素，在条件成熟时才能组织旅游专列。一般来说，要在同时满足下列条件的情况下，旅行社才能考虑组织旅游专列：

①足够的客源。旅游专列之所以成本低廉，主要是因为它载客量大。旅行社必须能组织到足够的客源，否则将得不偿失。目前开行的旅游专列多以大城市为始发站，其原因就是大城市客源丰富。有时为保证足够的客源，多家旅行社会联合起来，共同组织专列。

②充足的假期。旅游专列出行的时间至少是2天，加上涉及人数多，因此，旅游专列应尽量选择节假日时间开行。

③目的地为中长距离的旅游景区。由于旅游专列的组织协调工作较为复杂，组织

成本较高，因此进行中长距离的旅游才较为合算，对游客的吸引力也大些。

④组团社有较强的组织能力。要同时组织数百人甚至上千人的团队集体行动并不是件容易的事，游客的食、住、行、游、购、娱等都要进行妥善安排，旅游过程中遇到突发事件要妥善处理，这些都要求组团社要有较强的组织能力，有一支优秀的导游队伍。

旅行社决定组织旅游专列后，就应派采购人员与铁路部门取得联系，通报乘客人数、日期、起止地点、线路等情况，并了解费用、车型等信息，双方一旦达成一致，即可签订合同，明确双方的权利义务关系。下列工作一般由铁路部门承担：协调运行线路、时间、停靠站点；保证列车正点运行、按计划停靠、如期到达；做好列车上的各项配套服务，如沿途供水、餐车保质保量供应价格合理的餐饮、适当照顾旅游者的特殊需要等。

步骤7：认识到票务工作的重要性

旅游交通是旅游产品的重要组成部分，对旅游交通服务的采购自然也就是计调人员的重要工作。由于采购旅游交通实际上就是获得各种旅游交通票据，因此我们也把旅游交通的采购业务称为票务工作。

对旅行社而言，票务工作的重要性不言而喻。

首先，它是旅行社重要的利润来源。据统计，旅游交通的支出一般占旅游产品总支出的20%~50%。有的游客虽不购买旅行社的线路产品，但会要求旅行社代订车票。因此，旅游交通服务的采购和预订越来越成为旅行社最重要的业务和收入来源之一，不少旅行社以代客订购交通票据作为主营业务。

其次，快速、安全、舒适、方便的交通服务是旅行社产品不可或缺的组成部分，而票务工作则是实现交通服务的前提，是旅游活动顺畅进行的首要保证。

最后，随着散客旅游的增多，旅行社的票务工作也在发挥着日益重要的作用，票务工作往往成为旅行社对外宣传的一个重要窗口。

步骤8：掌握旅游交通的分层

依据旅游交通涉及的空间尺度和在旅游活动中承担的角色，旅游交通可分为3个层次：

①大交通（或称外部交通）。它是指在旅游客源地的中心城市和旅游目的地的中心城市间往返的交通，一般是跨省（区、市）或跨国的交通。因距离较远，大交通的运输方式主要是铁路、民航和公路运输。

②小交通（或称区间交通）。它是指由中心城市到风景区间的交通。小交通的一般距离较短，交通运输方式主要是公路、铁路和水路运输，有时也包括航空运输。

③内部交通。它是指风景区内部的交通。内部交通的运输方式主要是汽车（观光车）和一些特殊交通运输方式，如索道、轿子、竹筏、马车、马匹、骆驼等。

例如，一个北京游客要去四川的九寨沟旅游，从北京到成都（飞机或火车）间的交通是大交通，从成都到九寨沟（汽车或飞机）是小交通，九寨沟景区内的环保车是内部交通。

典型工作环节三　签订采购合同

姓名：　　　　　班级：　　　　　日期：

✕ 典型工作描述

旅行社计调采购业务是旅行社节省成本非常重要的环节。选择完采购协作对象后，就要进行合同的签订。看似简单的问题，但是合同涉及的法律会比较多，所以要知道一个采购合同的基本要素，同样还要关注合同里容易出现的问题。

学习目标

1.掌握采购合同的基本要素；
2.掌握采购合同中容易出现的问题。

任务书

根据给定的案例内容，熟悉了解采购合同需要具备的基本要素，并能够根据这些要素拟定一份采购合同，同时关注合同中容易出现的问题。

👥 任务分组

学生任务分配表

班级		组号		指导教师	
组长		学号			
组员					

任务分工

🖳 工作准备

1.阅读工作任务书，掌握采购合同的基本要素。

2.网上查阅采购合同，能够拟定一份采购合同。

🎛 工作实施

（1）确定采购合同的基本要素

★ 引导问题1：研究下面的采购合同，了解采购合同的基本要素。

_____地区散客门票及配套产品采购供应协议

编号：_____

甲方：

乙方：

　　甲乙双方均为具备国内旅游资质以上的旅行社（公司），在遵守中华人民共和国法律、法规和旅行社管理条例的前提下，为明确双方的权利和义务，甲乙双方本着平等互利的原则，就提供_____地区散客门票及配置产品供应事宜，订立本协议。

　　一、甲方指定乙方为_____地区散客景区门票及配套产品唯一供应商。合同期满，在同等条件下，乙方享有次年续约权。

　　二、价格标准

　　1.乙方应按甲方的操作流程，在签约1个月内主动、及时、准确地将最新签订的当地景区门票、酒店、娱乐、交通等产品政策上传甲方相应后台，其中应包括儿童、老人的收费标准，并提供签约产品的服务标准、介绍图片、景区看店、游玩须知、重要提示等相关内容，并且不断维护、更新所提供的内容。

　　2.乙方提供给甲方的产品政策应在同行中具有竞争优势，对不予打折的重点景区可采取组合包装自由行套餐等不同形式提供给甲方。

　　三、结算方式及期限

　　规定每月结算一次。乙方同意按甲方销售人数_____元/人或销售总额的___%予以返还服务费，由乙方于每月___日将上月___日至本月___日之间接待的甲方客人结算票本底单统计传真通知乙方，乙方将各商家统一合总并报经甲方核对无误后3个工作日内将款项打入乙方账户，乙方应及时开具正规发票及回寄票本底单。

　　四、乙方服务标准

　　乙方应保证提供的单项服务及旅游产品服务品质，信息真实可靠，并保证游客通关、验票的顺畅，并指定专人处理应急事件的处理。

五、甲方责任

1.甲方应按本合同规定及时支付委托款项，如结算标准和金额有误，甲方应及时同乙方联系解决，不得积压。

2.甲方应积极组织宣传推广，并按乙方要求的时间，结合甲方的销售情况及时向乙方提供有关客人的预定情况资料等。

3.甲方客人如因不可抗拒的因素不能成行的，应及时提前告知乙方。

4.甲方应听取客人有关接待质量的意见和投诉，并及时转告乙方。

六、乙方责任

1.乙方应在接到甲方预定的酒店、演出等计划通知时马上予以落实。

2.旅游黄金周（国庆、春节）及节假日期间，乙方应为甲方预留一定数量的名额，并提前通知甲方销售截止时间，以便通告。

3.为了便于甲方散客销售，乙方应将要确定消费时间的签约商家每天保留一定的数量名额给甲方，如取消预订要第一时间通知甲方予以限售。

4.本合同履行期间，如遇国家政策性调价或季节性价格浮动，乙方应提前通知甲方。

5.乙方对有关接待质量的意见和投诉应进行调查核实，并及时给予回复。

七、约定事项

1.对包价的旅游散客，乙方不得以任何借口或手段向客人现收差价。超出上述范围或计划中注明现收差价的项目，须经客人认可后才能向客人收取。

2.甲方客人在旅游过程中因故变更所产生的差价，由乙方根据向甲方提供的单例标准在当地退还客人。乙方因故变更确认的计划，应事先征得客人及甲方的同意，并将由此而产生的差价及时退还给客人。

3.乙方应根据不同时令、不同客源市场向甲方推出合适的、休闲的、拓展的、高档精品的、个性化的单项、组合、自由行旅游线路，并定期向甲方推荐新开发的产品，让甲方提前将乙方的新产品投放市场。同时为了更好地加大双方共同开发市场的力度，乙方在价格具有市场竞争力的基础上，每年年底需按甲方输送游客总量向甲方支付_____元/人的宣传促销费用和人头奖励。

4.乙方签订的合作景区及商家必须认同旅行票务分销平台出具的结算票本，并张贴检票通道或办理柜台统一标志，不得迟缓或延办甲方游客通关、办理手续。

5.乙方未按合同承诺的标准提供服务，造成客人投诉的，应力求在当地妥善解决，并在征得客人谅解后，请其填写反馈书传真甲方；如因此而造成经济损失的，乙方应负赔偿责任。如确系不属乙方责任引起客人投诉的，乙方在当地应做好各方面取证工作。

6.乙方如因服务过程中发生的质量问题未能达到本身承诺的标准，造成甲方客人投诉的，乙方将承担违约责任。甲方受理客人投诉后应及时将客人投诉书面材料（传真）告知乙方，乙方应尽快调查核实，并在五个工作日内将处理意见书面（传真）回复甲方。乙方在五个工作日内未向甲方作书面（传真）回复的，甲方有权按国家旅游局颁布的《旅行社质量保证金赔偿试行标准》等规定从应拨乙方款项中扣除相应费用，向游客先行赔偿后，再追诉乙方的违约赔偿责任。情况严重者，甲方有权根据实际损失情况和与客人协商处理投诉情况，酌情追加赔偿，但甲方不得依此恶意从中谋利。

八、不可抗力

因不可抗力不能履行本合同的，根据不可抗力的影响，双方可部分或全部免除责任，但法律另有规定的除外。

九、违约责任

甲乙双方任何一方有违约行为的，应负违约责任，给对方造成损失的，应按照国家的有关法律、法规和规章的规定承担赔偿责任。

十、本合同在履行中如发生争议，双方应友好协商解决，协商不成，甲乙双方均可向法院起诉。

十一、本合同一式二份，双方各执一份。合同未尽事宜，经双方友好协商，可订立补充合同。补充合同、合同附件与本合同具有同等法律效力。

十二、本合同自双方签字盖章后生效，有效期自＿＿＿年＿＿月＿＿日起至＿＿＿年12月31日止。

　　甲方盖章：　　　　　　　　　　　乙方盖章：

　　代表签字：　　　　　　　　　　　代表签字：

　　　　　　　　　　　　签约时间：　　年　月　日

　　　　　　　　　　　　签约地点：

　备注：乙方向甲方提供以下材料。

①工商企业法人营业执照副本（盖公章复印件）；

②旅行社经营许可证副本或相关资质（盖公章复印件）；

③法定代表人身份证明（盖公章复印件）；

④法定代表人委托（授权）书，指定业务部门或指定业务人员；

⑤旅行社责任险保单（盖公章复印件）；

⑥联系人名片。

★引导问题2：根据下面的租车合同，搜集一个航空公司的相关资料，并且拟一份航空公司的采购合同。

亚克西旅行社租车协议

甲方：亚克西旅行社

乙方：

经甲乙双方友好，平等协商，本着互愿互利的原则，就租车事宜达成如下协议：

一、乙方租用车辆内容

车型＿＿＿＿＿＿ 正座＿＿＿＿（不包括司机）加座＿＿＿＿；数量 ＿＿＿＿辆；暂定租用期自＿＿＿＿年＿＿月＿＿日起使用至＿＿＿＿年＿＿月＿＿日止；预计＿＿＿＿天，每天车费＿＿＿＿元，其中空驶费用＿＿＿＿元，停留费用＿＿＿＿元，共计人民币＿＿＿＿元，乙方需预付＿＿＿＿元给甲方，出发前再付车费70%＿＿＿＿元。余款行程结束付清。乙方租车如需延期，乙方应提前24小时通知甲方，乙方有优先权续租。

备注：司机食由＿＿＿＿＿＿负担，宿由＿＿＿＿＿＿负担外，油费、过路费、停车费由＿＿＿＿＿＿负担。

二、甲乙双方责任

1.甲方责任：

A.甲方保证提供证件齐全的车辆，并对所租车辆的司机进行统一管理，提供优质服务；司机应保证有公安部门颁发的驾驶执照，符合准驾型号。

B.甲方应在出车前进行检查，保证车辆处于良好的状态，保持车容整洁，如车辆因途中抛锚等原因造成车辆无法正常使用，甲方两小时内不能将车修复正常，乙方应再等候两小时给甲方时间调配车辆或购买配件，等候时间总计不超过四小时。超过四小时以后甲方应立即安排搭乘出租车或搭乘其他车辆将乙方送至后一行程地点，费用由甲方支付，并安排车辆继续完成行程。若耽搁行程一天以上，甲方需向乙方赔付相当时间内的租车费用。

C.如因乙方原因，提前终止包车，所收费用不退；如因甲方原因，中途撤回包车，则由甲方退还未完成的费用，并支付租车总款的5%赔偿金；如双方协商一致，中途中止包车，则退还未完成的费用。

D.若因司机或其他第三方原因造成交通事故或其他安全事故，造成乙方人身伤害或财产损失，则按《中华人民共和国道路交通事故处理办法》由乙方与车方所在单位协调处理，如果甲方为其购买了旅游意外保险，则按旅游意外保险相关条例进行赔偿，甲方不承担任何赔偿责任，但甲方可协助处理相关事宜。

E.方车辆司机要积极配合乙方旅游行程愉快顺利，遵守旅游各项制度，相互团结，不得酗酒打闹，保证做好服务接待工作，对客人要热情服务，保证安全行驶。

F.行车途中司机要遵守交通规则，否则引起的乘客和财物的损失由甲方负责。

2.乙方责任：

A.在出发后乙方应合理调配车辆，确保车辆在安全及可能行驶的路段行驶，避免司机疲劳驾驶，甲方不允许乙方任何人员擅自驾驶甲方车辆，如因此造成责任事故及经济损失乙方承担一切责任及后果。

B. 乙方应保证甲方司机的正常睡眠，不要开夜车（以天黑为限）。（特殊摄影团除外，需提前申明）

三、付款方式

乙方于出发前支付70%租车费，余款于行程结束前由乙方付清。

四、违约责任

甲乙双方任何一方在协议期内违约，违约方需支付对方违约金30%。

五、特别约定

对行程内游览的景点顺序甲方征得乙方同意有权进行调整，如遇人力不可抗拒的自然灾害和国家政策性调价等因素造成的增加费用，由客人自理；未尽事宜，双方本着友好态度，协商解决。

六、其他

1.本协议一式二份，具有同等法律效力（甲乙双方各执一份）。

2.本协议自签协议之日起，自行生效，如发生纠纷双方友好协商解决，直至按《民法典》裁定执行。

3.此协议价格不含税金。

4.如需接送机/火车，费用为100元/次。

甲方代表签字：　　　　　　　　乙方代表签字：

甲方公章：　　　　　　　　　　乙方身份证号码：

联系电话及传真：　　　　　　　联系电话及传真：

签约日期：　　　　　　　　　　签约日期：

特别声明：

乙方可以修改或增加、减少以上条款，但一旦双方达成协议，希望严格遵守。

★引导问题3：根据下列与景区的合作协议，请自行挑选一个景区，并拟一份与它的合作协议。

旅游景区与旅行社合作协议

甲方：＿＿＿＿＿＿＿＿＿＿＿＿＿＿＿＿＿＿＿（以下简称甲方）

乙方：＿＿＿＿＿＿＿＿＿＿＿＿＿＿＿＿＿＿＿（以下简称乙方）

为加强甲、乙双方合作、共同开发＿＿＿＿＿＿＿市场，实现双赢成果，本着互惠互利原则签订本协议，供双方共同遵守：

一、双方合作内容

1.甲方将乙方列为_____市场战略合作商，在市场推广上与乙方进行联合捆绑销售并对乙方进行广告推广支持。

2.甲方将在景区服务、多景点价格等方面给予乙方特殊支持并鼓励乙方推广多个景点。

3.甲方按市场价格给予乙方_____专线市场支持，甲方价格如有变动，须提前一个月通知乙方。

4.甲方给予乙方_____运费补贴，每季度支付_____，乙方须提前10天开具等额发票给甲方。

5.乙方将甲方列为市场战略合作商，将甲方产品列为市场重要推广产品和线路，乙方不得主动销售和推广与甲方同质的其他旅游产品，否则甲方有权单方面终止协议并要求乙方返还运费补贴。

6.乙方及乙方门市、各分社印刷宣传品、线路、各媒体广告、网站等需重点突出甲方产品。

7.乙方享受甲方的优惠价格政策，但有义务协助甲方稳定市场价格秩序，如乙方扰乱甲方市场价格和秩序，甲方有权单方面终止协议。

8.乙方承诺在以下媒体进行宣传和推广：

（附具体投放方案），上述广告须在6个月内投放完毕并将对外推广甲方的相关资料留样交于甲方留底保存。

9.乙方承诺每天发车，并提供两部30座以上大巴接送游客（遇特殊情况如台风、道路等不能正常发班须经甲方书面同意）。

二、双方操作流程

甲方和乙方采用月结方式结算门票，乙方工作人员凭甲方印制的月结签单购票，甲方开具等额发票给乙方。

三、协议合作期限

本协议有效期自_____起至_____止。

四、备注

1.本合作协议一式五份，由甲方执四份、乙方执一份，本合同自_____起生效。

2.甲乙双方均有义务对合同进行保密，如因为一方泄密导致另外一方遭受损失，另一方有权要求赔偿。

3.如本协议有不详之处，可通过双方友好协商进行解决。

4.未尽事宜可以补充协议形式签订，补充协议与本协议有同等法律效力。

5.如一方未按合约履行合同，另一方有权单方面终止合同并要求对方赔偿相关损失。

甲方：（盖章）　　　　　　　　乙方：（盖章）

甲方代表：　　　　　　　　　　乙方代表：

年　月　日　　　　　　　　　　年　月　日

◆引导问题4：根据下列与餐厅的合作协议，请自行挑选一个餐馆，并拟一份与它的早餐合作协议。

旅行社与餐厅合作协议

_____旅行社（以下简称甲方）与_____餐馆（以下简称乙方）就旅行团（者）用餐事宜经双方友好协商一致达成如下协议：

一、客人便餐用餐标准

1.经济等：10人以上_____元/人。

2.标准等：10人以上_____元/人，6~9人_____元/人，2~3人_____元/人，1人_____元。

3.豪华等：10人_____元/人，6~9人_____元/人，2~5人_____元/人，1人_____元。

4.乙方须保证客人够吃，如菜不够吃，添菜不另收费。

二、客人风味用餐标准

最低标准：_____元/人（酒水在外）。

三、陪同、司机用餐标准

1.地陪、司机：_____元/人（便餐）_____元/人（风味）。

2.全陪与客人一同用餐，按客人标准计付；全陪与地陪一同用餐，按地陪标准计付。

四、酒水

便餐酒水提供啤酒_____元/瓶、可乐_____元/瓶、汽水_____元/瓶、矿泉水_____元/瓶。

除上述饮料外，饮用其他酒水，其费用客人现付。风味酒水，除上述饮料外，可提供红、白葡萄酒及中档白酒（不提供茅台）。

五、结算

1.甲方陪同以餐饮结算单向乙方结算每餐费用。

2.甲方财务人员每次凭陪同填写的结算单核对发票向乙方结账付款。

六、报损

1.两小时前退餐，不收损失费；

2.两小时内退餐，收取50%费用；

3.订餐后未去用餐，收到100%费用。

七、本协议有效期自_____年_____月_____日至_____年_____月_____日止。

八、本协议正式文本一式两份，甲、乙双方各执一份，签字或盖章后生效。

甲方：_____旅行社（盖章）　　　　乙方：_____餐馆（盖章）

_____年___月___日　　　　_____年___月___日

★ 引导问题5：根据下列与华人客栈（华人国际酒店）的合作协议，请自行挑选一个经济型酒店，并拟一份与它的合作协议.

华人客栈旅行社合作协议书

甲方：<u>华人客栈（华人国际酒店）</u>

乙方：_____

华人客栈（华人国际酒店）诚挚与贵社建立长期合作关系，具体条款及要求：<u>有效期从2021年　月　日起至20　年　月　日止</u>。合作协议价格如下：

房间类型	门市价（含早）	协议价（含早）
标准双床房	RMB　218	RMB　188
标准大床房	RMB　218	RMB　188
高级双床房	RMB　298	RMB　268
家庭房	RMB　338	RMB　308
小会议室	RMB	RMB 600/ 半天
董事会议室	RMB	RMB 2 600/ 半天
华人厅会议室	RMB	RMB 6 000/ 半天

说明：

一、要求

1.以上价格均为平季价格。

2.2022年冬奥会期间将另行调整。

3.团队按10人5间房以上成团，含10人5间房，散客为10人5间房以下，人数及房间数不含陪同人数及房间数。

4.以上价格均免收服务费。

5.散客房价相同，不含早餐。

二、预订

1.团队：乙方应将团队的预订计划提前3天以传真等书面形式将客人订房及订餐的详细情况通知甲方，注明团队名称、人数、身份证号、房间数量、抵离店时间、付款方式及特殊要求等，并有预订负责人签字及预订客房和餐饮专用章为准。

2.散客：乙方应于客人进店前3天以传真等书面形式将客人订房的详细情况通知甲方。

3.乙方对团队或散客的预订资料若有更改，须以书面形式通知甲方，以免发生纠纷。乙方的客人入住酒店超过预订日期，乙方须提前2天以书面形式通知甲方续住；否则，甲方有权按照门市价格向客人现收房费。

4.甲方应在收到乙方预订或更改传真后，2天内以传真等书面形式予以确认。

三、优惠

1.为鼓励乙方销售，甲方给乙方如下奖励：本合同期内，乙方所接待的旅行团队、散客达到150间房时，每间房费返还20元/间天。每满150间进行一次结算。不到150间不返还。钟点房2间算一间。

2.甲方为乙方团队陪同床位提供半价优惠，提供免费陪同早餐，但每个团的陪同人数不得超过2人（导游、司机）。一次性入住满10间，陪同房间免费。

3.散客入住，甲方不提供给乙方陪同房。

4.散客入住，提供自费早餐。

5.早餐地点：华人客栈。

四、结算方式

1.乙方所有费用每次一次性结清。若乙方结算方式为现付，须在客人入店时，预付所需费用，并在客人离店前将费用结清；若乙方结算方式为汇付，则须在客人抵店前3天将所需费用汇至甲方银行账户；结算后反差汇至乙方账户。

甲方开户全称：　　　　　　　　　乙方开户全称：

开户银行：　　　　　　　　　　　开户银行：

账号：　　　　　　　　　　　　　账号：

2.如在规定时间内，乙方不付款或有拖款现象，甲方有权不安排以后将抵达的客人入住，并将直接向乙方客人收取有关费用。

五、违约

乙方团队如有更改或取消应第一时间通知甲方，如因乙方原因导致空订，而给甲方造成损失，将按预订房间数量收取房费。

六、合同期限：2021年　　月　　日—20　年　　月　　日

七、协议内容应严格保密，视为双方商业机密，无论任何原因或目的均不得向第

三者泄露，如有泄露，对方有权起诉，追究法律责任；其他未尽事宜另行协商解决。

甲方：（盖章）   乙方：（盖章）

甲方代表：   乙方代表：

年　月　日   年　月　日

★引导问题6：根据下列与保险公司的协议，自行挑选一家保险公司，拟一份与该公司的采购合同。

旅行社旅客意外保险合同

甲方：

乙方：中国平安财产保险股份有限公司东莞中心支公司

为了保证旅游者在旅游期间的人身安全和经济利益，促进旅游事业的发展，甲乙双方经友好协商，就甲方协办乙方保险业务事项达成如下协议：

一、保险对象

凡身体健康、能正常旅行参加国内团队旅游者以及随团的旅行社导游，领队均可作为被保险人，由甲方向乙方投保。

二、保险期间

本保险的保险期间，旅游者自其在约定时间登上由旅行社安排的交通工具开始，直到该次旅行结束离开旅行社安排的交通工具为止。被保险人自行终止旅行社安排的旅游行程，其保险期间至其终止旅游行程时止。

三、保险责任

按照《平安旅行意外保险条款》执行。

四、除外责任

按照《平安旅行意外保险条款》执行。

五、保险金额及保险费率

保险金额及保险费

单位：元

保险金额	保险期限及保险费			
	1—3 天	4—8 天	9—15 天	16—30 天
国内游 10 万元	6 元	10 元	15 元	20 元
国内游 20 万元	10 元	20 元	30 元	40 元
国内游 40 万元	20 元	40 元	60 元	80 元
出入境游 30 万元	15 元	30 元	45 元	60 元
国内一日游 3.3 万元	2 元			
国内一日游 6.6 万元	4 元			

项目	意外伤害	医疗费
国内游 10 万元	9 万	1 万
国内游 20 万元	18 万	2 万
国内游 40 万元	37 万	3 万
出入境游 30 万元	28 万	2 万
国内 1 日游 3.3 万元	3 万	0.3 万
国内 1 日游 6.6 万元	6 万	0.6 万

六、赔付比例

按照《平安旅行意外保险条款》执行。

七、投保手续

甲方每组织一个旅游团队，应在出团前向乙方办理投保手续，甲方将投保单传真至乙方专用传真机，乙方在收到甲方投保依据后，正常工作日应在当天出具承保确认书并回传给甲方，休息日及节假日在乙方专用传真机收到旅行社传真时即自行确认，无须再发确认书。甲方派出导游均可免费享受与该团游客同等的保险金额。

八、保险费的结算

保险费采取每月结算一次。乙方在每个月5号前（节假日顺延）计前1个月保险费并通知甲方，经核对无误，甲方应在5个工作日内将款项划给乙方。

九、保险金的申请和给付

被保险人在保险期内发生本保险责任范围内事故时，甲方应在事发后三天内通知乙方，原则上在10个工作日内提供有关索赔单证（包括当地公安部门证明、医疗证明、原因、地点等），积极协助乙方处理赔付，做好事故的核查工作，乙方在责任明确、资料齐全后，应在七个工作日内按条款给付保险金。

十、本协议所称"意外伤害"是指外来的、突然的、非疾病的，被保险人无法预料和不可抗拒的，使被保险人身体受到剧烈伤害的事件。

十一、本协议一式两份，自甲乙双方签字之日起生效，有效期一年。

十二、对本协议未尽事宜，经双方协商可随时修改补充，并作为本协议组成部分。

甲方：　　　　　　　　　　乙方：

日期：2022年　月　日　　　日期：2022年　月　日

★ 引导问题7：根据下列与委托接待社的协议，自行挑选一家当地地接社，拟一份与该公司的采购合同。

委托旅游接待协议书

甲方（组团社）：_____

乙方（地接社）：_____

甲乙双方本着平等互利、共同发展的原则，依据我国相关法律法规，双方在公平、公正、自愿的基础上，就甲方委托乙方接待甲方旅游团/散客事宜达成如下协议：

一、双方的权利和义务

1.乙方向甲方提交《营业执照》《旅游业务经营许可证》《旅行社责任保单》的复印件等法律文书，以备甲方进行接待资质审核。

2.在乙方承诺保证甲方团队（包括旅游团队、商务会议及散客）接待质量的前提下，双方签订旅游接待服务质量承诺协议，乙方同意作为甲方在乙方所在地区指定的地接社供应商之一。

3.甲方负责组织客源，并在出团前将出团计划加盖公章（或合同章）传真或E-mail至乙方，出团计划包括团队行程、团号、出团时间、人数、接待标准、特殊要求等资料。乙方应在6小时以内及时将接待计划予以确定，加盖公章（或合同章）回复甲方。甲方以乙方确认为乙方承诺。乙方保证其接待价格的真实、有效、具有竞争力。

4.乙方保证甲方全陪人员的人身安全和经济利益不受侵犯。乙方除不可抗力或政府行为情况以外，不得以任何原因为借口甩团，或使甲方团队滞留在旅游目的地。

5.乙方不得与甲方计调人员私下串通，以抬高团队报价，私下降低接待标准等恶意行为向甲方计调返佣。一经发现甲方可立即终止与乙方合作，并有权追究违约责任及经济损失。

6.乙方如因服务过程中发生的质量问题未达到本身承诺的标准或造成甲方客人投诉，乙方承担违约责任，甲方有权按国家旅游局颁布的《旅行社质量保证金赔偿试行标准》和国家有关法律法规，从应拨乙方款中扣除相应费用。情况严重者，甲方有权根据实际损失和客人协商处理投诉情况，酌情追加赔偿，但甲方不得依此恶意从中谋利。

9.因甲方操作失误造成的损失，由甲方承担。因乙方操作失误或能力所限导致增加的费用，由乙方全额承担。不属于以上两种情况而造成的损失，以甲乙双方价格确认为准。

10.甲方全陪及客人对乙方提供的各项接待服务进行评定，乙方对甲方全陪或领队行为按照《全陪工作规范》做出评定，便于甲乙双方共同改进接待质量。

二、结算方式

1.为协助甲方拓展市场，乙方与甲方结算方式为：出团前预付80%，团队回程后3个工作日无质量问题结清尾款。有旅客因乙方原因向甲方投诉或索赔，乙方必须积极配合甲方调查事件原委。若经查证，确属乙方原因造成旅客投诉或经济赔偿，甲方对乙方保留追究其法律责任和赔偿责任的权利。

2.经甲乙双方协商一致，按以下第＿＿＿项支付团款：

（1）一团一结：每完成一个团队（含散客），在团队结束以后结清团款。

（2）一月一结：以月为单位，每月底结算当月团款。

（3）三月一结：以季度为单位，每三个月末结算当季度团款。

备注：经协商，甲乙双方按以上第二款第＿＿＿条，第＿＿＿项方式执行。

3.团队结束后3个工作日内，乙方应及时填写"旅费结算单"（一式两份，加盖财务专用章）和正式发票进行结算，否则甲方可以拒付团款。甲方在收到"旅费结算单"和正式发票后应及时核对，按签约期限拨款。

4.甲方未按照约定付清余款的，应每日向乙方支付未付团款金额的0.5%的违约金。

5.接待质量以当地旅行社提供由客人自行填写的质量反馈表为准，已经在当地旅游管理部门裁决的以裁决为准。

三、其他

1.如任意一方违犯上述任何一条约定，另一方有权立即中止该合作协议，并保留追究相关法律责任的权利。

2.甲、乙双方因违反本合同或与本合同相关事宜发生争论、争议或意见分歧时，当事双方应在30个工作日内协商解决争论。若协商不成，甲、乙双方有权向当地仲裁委员会申请仲裁。

3.对每次组团社和地接社之间的确认单也具有法律效力。若该协议与确认单发生冲突，以确认单为准。

4.本合同一式二份，经甲乙双方签字盖章后生效，有效期为壹年（＿＿＿年＿月＿日—＿＿＿年＿月＿日），甲乙双方各执壹份，每份具同等法律效力。

5.合同后的附件与合同具有同等的法律效力。

（以下无正文）

甲方：重庆中国国际旅行社有限责任公司　　　　乙方：

公司代表签字：　　　　　　　　　　　　　　公司代表签字：

盖章：　　　　　　　　　　　　　　　　　　盖章：

　　　年　月　日

（2）签订合同除了要了解基本的要素，还有一些需要注意的事项。

★引导问题8：签订合同，必须符合法定程序。

案例：某年8月31日16:30，W市旅游质检所工作人员接到Y市乙旅行社的紧急来电。来电说，由该社组团交 W 市甲旅行社接待的一个 16 人旅游团已于当天 15:00 从 Y 市坐火车出发前往 W 市，次日 6:00 抵达。但当火车刚开出 1 个小时后，16:00 左右，W 市甲旅行社突然变卦，来电称将不接待该团。为此，Y 市乙旅行社恳请质检所给予协调。接到电话后，质检所与 W 市甲旅行社进行了紧急联系。甲旅行社称，他们确曾表示愿意执行该团的接待任务，但双方并未就结算方式、时间及该旅游团返程安排等事宜达成一致，虽然甲旅行社以传真急件要求乙旅行社回复，但却没有音讯，甲旅行社只能拒接。W 市质检所衡量利弊得失，考虑到旅游业的声誉、游客的合法权益，当即要求甲旅行社先接待旅游团，其余问题事后再说。在这种情况下，甲旅行社派出导游员接待了该团。可是，由于仓促上阵，在住宿、就餐、游览等方面出现了一些质量问题。为此，游客投诉了甲、乙两家旅行社。但双方都声称不承担责任，Y 市乙旅行社认为 W 市甲旅行社先前同意接待该团，虽然在结算方式、结算时间等问题上双方有异议，但这并不影响当初的承诺。因此，他们认为甲旅行社应承担不履行承诺的责任，应该赔偿由此造成的经济损失。而甲旅行社认为，他们早已通知了乙旅行社不接待该团，后来之所以接待，是为了顾全大局，是从维护旅游业形象、维护游客利益角度出发的。

请分析上述案例中出现问题的原因。

● 评价反馈

（1）学生自我评价

学生自评表

班级：　　　　　　　　　姓名：　　　　　　　学号：			
评价项目	评价标准	分值	得分
确定采购合同的基本要素	1. 不漏项；2. 重点把握清楚	8	
签订交通方式合同	运用原理准确分析案例	8	
签订住宿酒店合同	运用原理准确分析案例	8	
签订餐饮饭馆合同	运用原理准确分析案例	8	
签订娱乐服务合同	运用原理准确分析案例	8	
签订旅游景区合同	运用原理准确分析案例	8	
签订保险公司合同	运用原理准确分析案例	8	
签订接待服务合同	运用原理准确分析案例	8	
工作态度	态度端正，无缺勤、迟到、早退现象	7	
工作质量	能按计划完成工作任务	7	
协调能力	与小组成员、同学之间能合作交流，协调工作	8	
职业素质	能做到细心、严谨	7	
创新意识	案例分析过程中有独到见解	7	
合计		100	

（2）学生互评

学生互评表

评价项目	分值	等级							评价对象（组别）					
									1	2	3	4	5	6
计划合理	10	优	10	良	9	中	7	差	6						
团队合作	10	优	10	良	9	中	7	差	6						
组织有序	10	优	10	良	9	中	7	差	6						
工作质量	20	优	20	良	18	中	14	差	12						
工作效率	10	优	10	良	9	中	7	差	6						
工作完整	10	优	10	良	9	中	7	差	6						
工作规范	10	优	10	良	9	中	7	差	6						
成果展示	20	优	20	良	18	中	14	差	12						
合计	100														

（3）教师评价

教师评价表

班级：	姓名：			学号：	
项目二　旅行社采购业务	典型工作环节三　签订采购合同				
评价项目	评价标准			分值	得分
考勤（10%）	无迟到、早退、旷课现象			10	
工作过程（60%）	确定采购合同的基本要素	1. 不漏项；2. 重点把握清楚		6	
	签订交通方式合同	运用原理准确分析案例		6	
	签订住宿酒店合同	运用原理准确分析案例		6	
	签订餐饮饭馆合同	运用原理准确分析案例		6	
	签订娱乐服务合同	运用原理准确分析案例		6	
	签订旅游景区合同	运用原理准确分析案例		6	
	签订保险公司合同	运用原理准确分析案例		6	
	签订接待服务合同	运用原理准确分析案例		6	
	工作态度	态度端正，无缺勤、迟到、早退现象		2	
	工作质量	能按计划完成工作任务		2	
	协调能力	与小组成员、同学之间能合作交流，协调工作		3	
	职业素质	能做到细心、严谨		3	
	创新意识	案例分析过程中有独到见解		2	
项目成果（30%）	职业素质	能做到细心、严谨		3	
	创新意识	案例分析过程中有独到见解		2	
	成果展示	能准确表达、汇报工作成果		10	
合计				100	
综合评价	学生自评（20%）	小组互评（30%）	教师评价（50%）	综合得分	

🏠 拓展思考题

游客为了参加出境旅游团，在当地旅行社咨询相关事宜，当地旅行社告诉游客，他们接受了省城组团旅行社的委托，可以代为收客。于是，游客向当地旅行社交纳了旅游团款，当地旅行社为游客出具了本旅行社的收费凭证，游客和组团社签订了旅游合同。旅游行程结束后，由于游客对行程中的服务质量有异议，要求当地旅行社承担责任，旅行社以仅仅是代为收客为由，要求游客向组团社投诉，几经协商未果，游客向旅游主管部门投诉。

在本案例中，两个旅行社之间是否存在合同关系？

📖 工作流程

步骤1：掌握旅游采购合同的构成

一般来说，旅游采购合同包含以下5个方面的基本内容。

①合同标的。合同标的是指合同双方当事人权利义务指向的事物，即合同的客体。旅游采购合同的标的就是旅行社购买和旅游服务供应企业出售的旅游服务，如客房、餐饮、汽车运输等。

②数量和质量。由于旅游采购合同是预购契约，不可能规定确切的购买数量，只能由买卖双方商定计划采购量，或者规定一个采购和供应制度。关于质量则由双方商定最起码的质量要求。

③价格和付款办法。合同中应规定拟采购服务的价格。由于价格常常随采购量的大小而变动，而合同中又没有写明确定的采购量，因此，可商定一个随采购量变动的定价办法，同时要规定在合同期内价格可否变动及其变动条件。在国际旅游采购合同中应规定交易所用的货币以及在汇率变动时价格的变动办法。此外，还要规定优惠折扣条件结算方式及付款时间等。

④合同期限。合同期限是指签订合同后开始和终止买卖行为的时间。一般是一年签一个合同，也有的是每年按照淡旺季签两个合同。

⑤违约责任。违约责任是指当事人不履行或不完全履行合同所列条款时应负的法律责任。按照我国相关法律规定，违约方要承担支付违约金和赔偿金的义务。

步骤2：了解签订采购合同的注意事项并规避

①签订销售合同时，一定要仔细阅读相关条款，对一些有歧义、不合理的条款要和商家落实清楚。以免出现问题时，解决起来遇到麻烦。

②要求商家在销售合同上注明产品的品牌、型号、单价、数量，在标注产品的数

量时，最好将产品的平米数和片数都标注清楚，方便验货时核对产品的数量。

③销售单要加盖销售单位或者市场的公章。

④对特定条款加以注明。

如退换货的办理方式、违约责任说明、送货时间等。属于可以再加工的产品，对这些产品的退换货问题也要加以约定。现在市场上的通行惯例是加工产品概不退货。

⑤在订购时可以适当订多一些。要和商家约定好，没有用完的产品可以退货。

⑥在订购合同上注明旅游产品或服务的等级，防止商家以次充好。

⑦适当地交一些定金，等到货真价实，验收无误后再付全款。同时最好约定产品不符合要求可无条件退货，退回定金。

典型工作环节四　落实采购工作

姓名：　　　　　班级：　　　　　日期：

✖ 典型工作描述

　　旅行社计调采购业务是旅行社节省成本非常重要的环节。合同签订完毕，就进入实际的采购工作。在采购中完成预订单、变更单、确认单等一系列工作，同时还要解决实际工作中没能按照合同进行带来的问题。

学习目标

　　1.掌握落实采购工作的基本流程；
　　2.掌握落实采购工作中容易出现的问题以及解决措施。

任务书

　　根据给定的案例内容，熟悉了解采购预订单、变更单、确认单等，并能够解决实际工作中没能按照合同进行带来的问题。

👥 任务分组

学生任务分配表

班级		组号		指导教师	
组长		学号			
组员					

任务分工

🖥 工作准备

1.阅读工作任务书，掌握确认单、变更单、预订单等的撰写。

2.了解落实采购工作中遇到的难题。

⊞ 工作实施

（1）落实完成交通工具的采购工作

★ 引导问题1：落实完成采购交通工具时，要多方比较。

案例1：一个去往青岛的旅游团共有25名成年团员，其中一名成年男士携带一名10周岁男孩，一名成年女士携带一名4岁女孩，一对夫妇携带三胞胎。根据旅行社与该航空公司签订协议，10人以上团队享受8折优惠，且每16名成年旅客可以享受1人免费旅行优惠，如果该航线的全额票价为2 000元，旅行社应该支付航空公司票款是多少？（不计燃油费、机建费）如果采用高铁，10人以上也是8折优惠，旅行社应该支付铁路公司多少钱？

请分别计算该团采用航空交通和铁路交通分别的花费是多少？哪个更合适？

案例2：在"老年节"前夕，某旅行社组织了一个"夕阳红"旅行团，共有253名老人报名参加。旅行前，旅行社承诺每车保证有一名随团医生，并为此次旅行请了7名医生，现打算选租甲、乙两种客车，甲种客车载客量为40人/辆，乙种客车载客量为30人/辆。

①请帮助旅行社设计租车方案；

②若甲种客车租金为350元/辆，乙种客车租金为280元/辆，旅行社按哪种方案租车最省钱？此时租金是多少？

案例3：旅行社组团后，打电话向具有营运资质的汽车公司预订旅游大巴，双方就租赁期限和价格等事宜达成了口头一致。在出团前，旅游大巴按照约定接上游客前往旅游目的地。在旅游主管部门的检查中，发现正在返程的旅游大巴没有营运资质，并固定了相关的证据。行程结束后，旅游主管部门要求旅行社前来说明情况，旅行社认为自己是向有资质的汽车公司预订了旅游大巴，谁也没想到汽车公司派出的旅游大巴没有资质，因此旅行社主观上不存在过错。旅游主管部门内部也存在争议，有人认为应当对旅行社实施行政处罚，有人主张不对旅行社实施行政处罚。游客也因旅游大巴不具备营运资质要求给予经济赔偿。

此次投诉产生的原因是什么？

通过以上案例，在落实交通工具的采购中，我们需要注意什么？

（2）落实完成酒店采购工作

★引导问题2：确认订房传真引起的风波。

案例： 2月16日下午两点左右，客房预订员小赵接到了携程订房网的订5间普通标间的订房传真，凭借日常经验，小赵按照流程快速地浏览了一下传真件上的订房房型、房数，查看了一下电脑中的可用房，确认有房间后迅速做完了电脑的预订，并在传真件上签上名字进行了回传确认。发完确认传真后才突然发现，对方传真上的房价为238元含双早，而携程网与酒店签订的协议价288元含双早。

于是小赵又重发了一份确认函给携程网进行房价的更正，随后携程网也致电过来，称酒店既然在确认书确认签字了而且他们也确认给了客人了，就无法改变房价了。后来小赵及时向部门经理汇报了此情况，为了不被此事影响到酒店与携程网今后的合作，经理立即向酒店总经理请示，特批了此5间房按238元含双早给客人入住。

通过此案例，我们在落实完成酒店采购工作中需要注意什么？

（3）落实完成餐饮采购工作

★引导问题3：落实餐饮采购过程中，对餐饮单位要做好考核。

案例： 某店面接待了一个外国旅游团，有50多人，孙先生是这个团的翻译兼带队。他把外宾安排好就去旁边的工作厅和工作人员一起用餐，工作人员和外宾定的是一样的餐标。孙先生他们坐定后，服务员上了茶水和凉菜，但等了很久也不见上热菜。孙先生走到外面的服务台问服务员："我们的菜怎么还没上？""马上，今天比较忙，请您稍等一下。"服务员回答。这时孙先生看见大厅里的外宾们菜已经都上齐了，也没说什么，不高兴地回到了餐桌。又等了很长时间，热菜才上来。没等他们吃几口呢，外面的外宾已经吃完了，在等着他们。孙先生等工作人员非常生气，径直走出了店面。服务员忙追了出去说："先生，还没结账呢。"孙先生没好气地说："谁吃了你找谁结去啊，你们服务外宾的时候不是挺周到的吗，为什么结账的时候才想起我们？"服务员尴尬地站在那里说不出话来。孙先生还是返了回去，结了账。

你认为孙先生应该付账吗？

（4）落实完成娱乐服务采购工作

★ 引导问题4：落实娱乐服务采购时一定要考虑本地特色项目。

案例： 从广州远道而来参加沈阳世博会的董先生及公司的6位同事，在结束了沈阳世博园的展出工作后，报名参加了沈阳青年旅行社组织的沈阳2日游活动。为了树立沈阳的城市形象，沈阳市政府及相关部门为组织和接待好游客做好了很多方面的改善，使董先生一行非常满意。地陪小李在车上还教游客讲东北话，使旅游车上一直充满欢声笑语。第一天晚餐过后，董先生问导游小李："听说东北民谚有，'宁舍一顿饭，不舍二人转'的说法，可见这二人转有多'稀罕人'，以前也听说二人转'说、学、逗、唱、浪'的魅力，特别是看了赵本山的小品和表演后，感觉东北地方戏还是非常有特色的。你们沈阳有二人转吗？"小李笑着答复道："这您可问对了，相信您看了一定不会懊悔。不过，今天是周末，大概现在买票有点来不及了。您也许不知道，在'刘老根大舞台'看演出，尤其是周末，根本买不到票，有时候还得提前预订呢！有的票贩子在世博会期间，将一张200元的票都涨到500元了，可见二人转的受欢送程度了！"

听到导游小李对二人转的介绍，大家决定让导游帮助买票，明天晚上去看二人转，后天返程。这时，小李提醒董先生，"董先生，明天晚上我们行程安排是逛夜景，要取消吗？"董先生在征得大家意见后，告诉小李明天原定活动取消，只看"刘老根大舞台"。看来东北的民间艺术是很受游客欢迎的。

第二天晚上，小李拿着提前订好的门票，带领游客看了一场精彩的二人转演出。演出结束后，董先生说这次来东北，不虚此行！真可谓，"吃好、喝好、玩好、转好"！

请分析此次导游娱乐服务成功之处。

（5）落实完成景区采购工作

★ 引导问题5：在落实景区景点采购中一定要严防景区的额外收费项目。

案例： 王女士一行共16人，跟随海口市某旅行社的导游柯某，来到三亚市黎家苗寨景点旅游。导游把他们带到入口处，说里面有12个旅游项目，全部玩的话，每人需100多元，但如果现在每人交10元即可成为村里的贵宾，玩的费用就全免。于是每人交了10元进去了。

进去后，村民们又带着他们玩抢新郎，摸带福字的石碑，结果这些项目都需要额外交钱，最后，游客还被拿走了香火钱和斋饭钱。

请分析此次景区出现的问题怎样在落实采购过程中避免？

（6）落实完成旅游保险采购工作

★ 引导问题6：落实保险合同采购中的注意事项。

案例： 青藏铁路全线开通后不久，某保险公司南京营业部为其22名员工报名南京一家旅行社参加首批进藏游。双方在合同中约定，旅途为西宁、拉萨双飞双卧8日游。合同签订后，保险公司支付部分团款，双方口头约定待旅行结束后一次性付清剩余团款。

该旅行团乘飞机到达西宁后，铁道部宣布暂停销售青藏铁路西宁至拉萨段超过10人的团体票及旅游集体票。这一变故导致这家旅行社无法购到进藏团体火车票，只能安排乘大巴车赴藏游玩，并且承诺所有因改变行程增加的食宿费都由旅行社买单，南京游客一致同意乘车进藏。

然而回到南京后，保险公司负责人却提出，旅行社临时变更交通工具延误了两天回宁时间，拒绝支付原先剩余团款及4 000元乘大巴费。由于双方协商不成，旅行社只得以对方公司拒不支付旅游团款，构成违约为由告上法庭，讨要拖欠支付旅游团款。

请分析以上旅游合同采购中出现的问题。

（7）落实完成接待社采购工作

★ 引导问题7：落实接待社采购过程中一定要就细则规定好。

案例： 苏州某旅行社正式与陆某、赵某签订散客旅游合同，以散客拼团形式参加由上海某旅行社提供的海南旅游，并与其签订了合同，上海某旅行社又委托海南当地旅行社具体接待。

在旅游途中，因上海某旅行社委托运载游客的海口某运输服务有限公司旅游车发生交通事故，苏州游客陆某当场死亡。此次事故认定为，旅游车司机对该起交通事故承担次要责任，事故另一方承担主要责任。

事后，死者陆某家属向人民法院起诉要求苏州旅行社赔偿损失。苏州旅行社起诉上海某旅行社，要求上海旅行社赔偿因该起交通事故所发生的全部款项，上海某旅行社辩称，双方之间是委托合同关系，上海某旅行社在履行委托合同过程中无过错，不应承担任何责任。

请分析：此次事故哪个旅行社需要承担责任。

● 评价反馈

（1）学生自我评价

学生自评表

班级：	姓名：	学号：		
评价项目	**评价标准**		**分值**	**得分**
落实交通工具采购	运用原理准确分析案例		10	
落实住宿服务采购	运用原理准确分析案例		10	
落实餐饮服务采购	运用原理准确分析案例		10	
落实娱乐服务采购	运用原理准确分析案例		10	
落实旅行社接待采购	运用原理准确分析案例		10	
落实游览服务采购	运用原理准确分析案例		10	
落实旅游保险采购	运用原理准确分析案例		10	
工作态度	态度端正，无缺勤、迟到、早退现象		6	
工作质量	能按计划完成工作任务		6	
协调能力	与小组成员、同学之间能合作交流，协调工作		6	
职业素质	能做到细心、严谨		6	
创新意识	案例分析过程中有独到见解		6	
合计			100	

（2）学生互评

学生互评表

评价项目	分值	等级							评价对象（组别）					
									1	2	3	4	5	6
计划合理	10	优	10	良	9	中	7	差	6					
团队合作	10	优	10	良	9	中	7	差	6					
组织有序	10	优	10	良	9	中	7	差	6					
工作质量	20	优	20	良	18	中	14	差	12					
工作效率	10	优	10	良	9	中	7	差	6					
工作完整	10	优	10	良	9	中	7	差	6					
工作规范	10	优	10	良	9	中	7	差	6					
成果展示	20	优	20	良	18	中	14	差	12					
合计	100													

（3）教师评价

教师评价表

班级：		姓名：		学号：	
项目二 旅行社采购业务			**典型工作环节四 落实采购工作**		
评价项目			评价标准	分值	得分
考勤（10%）			无迟到、早退、旷课现象	10	
工作过程（60%）	落实交通工具采购		运用原理准确分析案例	7	
	落实住宿服务采购		运用原理准确分析案例	7	
	落实餐饮服务采购		运用原理准确分析案例	7	
	落实娱乐服务采购		运用原理准确分析案例	7	
	落实旅行社接待采购		运用原理准确分析案例	7	
	落实游览服务采购		运用原理准确分析案例	7	
	落实旅游保险采购		运用原理准确分析案例	7	
	工作态度		态度端正，无缺勤、迟到、早退现象	2	
	工作质量		能按计划完成工作任务	2	
	协调能力		与小组成员、同学之间能合作交流，协调工作	3	
	职业素质		能做到细心、严谨	2	
项目成果（30%）	创新意识		案例分析过程中有独到见解	2	
	工作规范		能按原理完成计算和案例分析	10	
	成果展示		能准确表达、汇报工作成果	10	
合计				100	
综合评价	学生自评（20%）	小组互评（30%）	教师评价（50%）	综合得分	

拓展思考题

　　沈阳某学校的120名师生结束了写生，打算回沈阳。辽宁某旅行社有限公司派大客车接学生。因为汽车租赁公司的车耽误了45分钟，学校方面要求旅游公司扣1 000元，于是旅游公司要扣租赁公司1 000元。但租赁公司不同意，双方就此"翻脸"。致使120名沈阳师生在冰峪沟天门山上饱受风雨、暴晒和饥饿之苦。

　　请问:该旅行社在落实交通服务采购中应注意哪些问题?

工作流程

步骤1：夯实与交通部门的合作

项目	内容
合作步骤	1. 与航空、铁路、船舶、旅游车公司建立联系.计调人员要与这些交通部门提前签订正式的合作意向书或经济合同书,明确双方的责任、权利,保证在旅游旺季时旅游计划能够顺利实施。 2. 及时领取最新价格表和航班、列车运行表,与交通部门保持联系。 3. 了解各种票务的最新规定,然后进行整理、打印、分类、备案。其中包括: ①提前预订票的时间限制; ②订票应交付定金的百分比; ③参考交通部的有关规定明确改票、退票的损失比例。 4. 与交通部门协商、设计和印制一些订单,如飞机票预订单、火车票预订单、旅游汽车预订单（或订金）报账单、机／车票变更／取消通知单等。 5. 与财务部门协商、设计和印制一些账单,如机／车票报账单、机／车票订车票变更／取消报账单等。 6. 根据接待计划实施订票、购票。 7. 明确拿票手续和报账程序。
注意事项	1. 订票时,应注意因线路、季节的不同,价格也不同,特别是儿童票价优惠的百分比。 2. 在取机票或再确认机票时,千万别忘了带齐有关证件。如果是出境团要带个人护照、团体签证;如果在国内旅游要带身份证等。 3. 在订火车票时,要注意火车票硬卧、软卧的差价,还有上、中、下铺的差价等。 4. 在订汽车票时,要注意汽车的设施设备是否齐全,车况如何,它常常对团队的质量和利润产生决定性影响

步骤2：夯实与酒店部门的合作

项目	内容
合作步骤	1. 与酒店进行业务洽谈，实地考察住宿的环境、设施及服务，然后商定协议价格，签订合作协议书或经济合同书。 2. 了解有关订房的各种规定。具体包括： ①有关订房的各种规定，如有无预订要求或提前预订房的时间； ②明确旺季、平季、淡季的月份划分及其具体价格； ③清楚客房单、双、三人间，大、中、小套间，豪华、总统套间等不同类型在不同季节的价格； ④门市价、旅行社合同价和特殊优惠价，以及加床费、陪同床费等； ⑤各式早餐、正餐的价格等。 3. 掌握酒店最新客房行情，争取更优惠的房价，要经常与酒店保持联络，及时主动地将旅游者的反映转达给酒店。 4. 设计、印制一些订单，如住房预订单、变更住房预订单、取消住房预订单等。 5. 把预订好的单子转交给接待部门或导游，以便搞好接待工作。 6. 明确与饭店的费用结算方式和结算周期，注意报账程序。
注意事项	1. 认真研究组团旅行社发来的传真或旅游者的要求，弄清楚旅游者要求的住宿标准。 2. 根据旅游者的住宿要求，在已签订协议的合作酒店中选择符合要求的酒店。 3. 电话联系该酒店销售部，传真发送订房通知单。在订房通知单上准确填写订房要求，尤其是对团号、入住时间、入住标准、入住人数、房价（是否含早餐）、有无特殊要求等项目必须准确、注意事项清楚、完整地填写。 4. 注意查收酒店的回传。饭店收到旅行社的订房传真后，一般会较快地做出决定，并在旅行社发去的传真上签注相应意见，再回传给旅行社。 5. 收到酒店的确认传真后，计调人员应立即登记，并按照发团日期顺序排列存档。若同一天有几个团队确认传真，可按收到回传的时间先后排列存档。

项目	内容
常见问题应对	1. 酒店无房，无法确认预订。此类问题一般多在旺季出现。每当此时，计调人员应该立即与其他的协议饭店联系订房；实在无法解决，就要请示经理，提高预订价格。经过这些努力后，基本上就能预订到所需的客房。为了防止类似现象的发生，计调人员在年初淡季前往旅游目的地实地考察酒店时，就应注意与多家饭店签订订房协议，选定的客房类型及价格也应该多样化，同时还应努力与饭店营销部的人员建立起良好的私人关系。 2. 无法拿到理想房价。由于预订时间离入住时间太近或预订的房间很少，计调人员订房时无法拿到理想的房价。遇到这种问题，计调人员应该与平时有业务往来的或有良好私人关系的实力较强的旅行社联系，委托其计调人员帮助联系订房，并以其旅行社的名义入住。实力较强的旅行社同意这样操作的理由在于，若本年度采购量增大，来年与酒店签订合同时讨价还价的能力也将增大。 3. 在旅游者前往的目的地旅行社无协议酒店。任何一家旅行社都不可能与所有目的地的酒店签有协议，若出现上述问题，计调人员可采用的解决方案有两种：一是多方寻找与酒店有协议的旅行社，通过其联系订房；二是使用电信和网络找到当地饭店的联系方式，自行联系订房。这就要求计调人员平时一定要主动收集各种与旅游业务有关的综合信息，并做好所收集信息的分类。 4. 因故临时增加或减少甚至取消订房。计调人员在工作中常遇到此类问题，此类问题处理起来有一定的难度。对此类业务，计调人员要尽早办理，越早越主动。增加订房时力争原价增订，如果难度较大，也可以同意酒店的涨价，但要将涨价的情况告诉旅游者，由旅游者承担涨价部分的费用。对于减少或取消订房，一般旅行社与酒店在签订协议时有明文规定，计调人员在处理时既要考虑按协议办，又要应对灵活，把损失减少到最低程度。

步骤3：夯实与餐饮部门的合作

项目	内容
合作步骤	1. 先实地查看旅游定点餐厅的地点、环境、卫生设施、停车场地、便餐和风味餐菜单等。满意后，根据国家旅游行政管理部门规定的用餐收费标准，与餐厅或饭店洽谈用餐事宜，并签订有关经济合同与协议书等。 2. 与财务部门协商印制或打印专用的"餐饮费用结算单"。 3. 将下列有关内容整理、列表、打印、分发给接待部，并报财务部备案： ①签约餐饮单位名称、电话、联系人的姓名、风味特色等； ②不同等级旅游者的便餐、风味餐最低价格标准等。 4. 根据接待计划或订餐单，将用餐地点、联系人姓名转告接待部门或导游员，以便搞好接待工作。 5. 根据"餐饮费用结算单"与财务部门共同进行复核，并由财务部门定期统一向签约餐厅结账付款。

续表

项目	内容
注意事项	1.选择餐厅时,餐点不宜过多,应该少而精;而且要注意地理位置的合理,尽可能靠近机场、车站、码头、游览点、剧场等,避免因用餐而往返用车。订餐时,及时把旅游者的宗教信仰和个别旅游者的特殊要求转告餐厅,避免出现不愉快和尴尬的局面。计调在选择餐厅时,应着重考虑如下因素:餐厅卫生、地理位置、车位、洗手间、餐标、风味餐、结算方式等注意事项。 2.提醒餐厅,结算用的"餐饮费用结算单"上必须有陪同导游员的签字,否则无效。 3.计调人员在操作旅游团时,不能盲目地接受餐厅或接待旅行社给出的标准,要根据客源地或旅游者类别不同按照标准编制餐单。

步骤4:夯实与旅游景区景点的合作

项目	内容
合作步骤	1.与旅游单位就以下内容进行洽谈,并签订协议书及经济合同书,主要包括: ①旅游团门票优惠协议价事宜。 ②大、小车进园的费用。 ③结账的期限。 2.与签约单位协商印制专用的"参观游览结算单"。 3.将以下有关签约单位的规定事宜整理列表打印后分发给接待部并报审计财务备案,主要包括: ①签约单位的名称、电话、联系人。 ②将带团前往某旅游参观点的进门方向。 ③去某旅游参观点的行车线路、停车地点。
注意事项	1.旅游单位在结算用的"参观游览券"上必须有单位的公章和导游员的签字,否则无效。 2.旅行社还应与游览单位附属的服务部门和相关服务公司建立合作关系,签订合作协议,以方便旅游团的游览和导游服务工作。

步骤5：夯实与娱乐单位的合作

项目	内容
合作步骤	1. 与娱乐单位就以下事宜进行合作洽谈，并签订协议书： ①旅行社可以通过电话预订文艺节目票； ②旅行社还可以为旅游者（团）进行包场演出； ③文艺单位送戏上门演出。 2. 将下列事宜整理、列表、打印后分发给接待部，并报审计、财务备案，主要包括： ①签约娱乐单位的名称、地址、电话、联系人等； ②演出节目的种类和演出时间； ③每张票的价格。 3. 随时与娱乐单位保持联系，有新节目上演时，了解节目内容，索取节目简介并通报给接待部。 4. 根据接待计划或订票单实施订票，并把订票情况如实转告接待部或陪同。 5. 财务部按协议统一结账或一次一报、一团一清。
注意事项	1. 旅行社要与各娱乐单位保持良好的协作关系，以丰富旅游产品的多样性。 2. 娱乐活动多安排在晚间，目的为丰富旅游者的旅游生活，提高情调。同时，司陪、接待旅行社也可获得报酬。

步骤6：夯实与保险公司的合作

项目	内容
合作步骤	1. 认真阅读国家旅游局关于旅游保险的相关规定和保险公司的有关规定。 2. 与保险公司就旅行社旅游者的旅游保险事宜签订协议书。 3. 将协议书上的有关内容进行整理打印，分发给外联部门并通知其对外收取保险费。 4 将每一个投保的旅游者接待通知及时发传真给保险公司，并请保险公司及时回复传真确认，以此作为投保依据。 5. 注意接收和保存保险公司的《承保确认书》。
注意事项	1. 按照投保的准确人数每季向保险公司交纳保险费。 2. 旅游途中发生意外事故或遇到自然灾害，必须及时向在第一线的导游员了解情况，必要时去现场考察并以最快速度通知保险公司还应在3天之内向保险公司呈报书面材料，其中包括： ①旅行社旅游者旅游保险事故通知书； ②旅行社旅游者保险索赔申请书。 3. 索赔时，须向保险公司提供有关方面的证明，其中包括： ①医院的"死亡诊断证明"； ②民航或铁路部门的"行李丢失证明"； 饭店或餐厅保卫部门的"被盗证明信"等。

步骤7：夯实与接待旅行社的合作

项目	内容
合作步骤	1. 收到组团旅行社的接待计划后,仔细核对各团的每项要求,尽可能按计划要求落实执行。 2. 当组团旅行社在遇到困难向接待旅行社提出要求帮助时,接待旅行社要积极配合,协力解决。
注意事项	1. 接待旅行社的资质、实力、信誉。 2. 接待旅行社的体制、管理。 3. 接待旅行社的报价。 4. 接待旅行社的作业质量。 5. 接待旅行社的接待质量。 6. 接待旅行社的结算周期。 7. 接待旅行社的合作意愿。

典型工作环节五　加强采购管理

姓名：　　　　　班级：　　　　　日期：

✕ 典型工作描述

　　旅行社计调采购业务是旅行社节省成本非常重要的环节。一项采购工作的完成涉及方方面面，而且每一项都有可以提高的方面和需要处理的关系。

学习目标

　　1.掌握加强采购业务管理需要注意的事项；
　　2.掌握灵活处理采购业务中出现的问题。

任务书

　　根据给定的案例内容，综合考虑内外部因素灵活处理采购业务中出现的问题以及需要注意的事项。

👥 任务分组

学生任务分配表

班级		组号		指导教师	
组长		学号			
组员					
任务分工					

🖥 工作准备

1.阅读工作任务书，再次熟悉加强采购业务管理需要注意的事项。

2.网上查阅一些旅行社的采购案例，灵活处理采购过程中遇到的问题。

▦ 工作实施

（1）正确处理保证供应和降低成本的关系

★ 引导问题1：根据采购业务基本流程完成下列问题。

2003年4月25日，山东省烟台市某旅行社（以下简称"地接社"）接待了一个北京游客团队。按接待计划，地接社安排游客游览了蓬莱和烟台市的主要景点，并安排他们下榻在一家二星级饭店。该旅游团按计划将在4月28日下午3时乘船离开烟台，前往大连游览。根据旅游合同，游客应在午餐后离开饭店。然而为了节省开支，增加利润，按惯例在早上8点钟以前为游客办理离店手续，并将行李运往码头办理托运手续。

然而，天有不测风云。28日凌晨，烟台海面刮起大风，港务部门通知所有船只延迟起航。得知这一消息，游客提出回饭店休息。由于地接社已经办理离店手续，且饭店已将客房出租，于是将游客安排在一家靠近港口的价格低廉的招待所。在招待所，有一位年轻游客李先生由于不慎在楼梯滑下，造成左腿扭伤。经治疗，李先生随导游员在招待所休息，并于当晚8点随团前往大连。在此期间，地接社对李先生进行了精心照顾。然而一个月以后，地接社接到组团社通知：游客李先生回京后经诊断其左腿肌腱拉伤，需休息两周。为此，李先生要求组团社赔偿医疗费等共计6 000元。为此，组团社向李先生赔付了6 000元，并要求地接社承担全部损失，且停止今后的全部合作。

思考：

1.组团社和地接社的做法是否合理？为什么？

2.在旅游采购中，旅行社应该如何处理保证供应、保证质量与降低成本之间的关系？

（2）正确处理集中采购和分散采购的关系

★ 引导问题2：运用集中采购策略进行采购。

案例：

山东旅行社将统一采购旅游保险产品

由山东旅游行业协会旅行社分会同江泰保险经济有限公司主办的山东旅游保险产品说明会上，江泰保险经济有限公司推出了几款为山东游客量身定做的旅游保险新产品，旅行社可以通过旅行社协会来统一订购这些旅游保险产品。以往旅行社在旅游保险产品订购上都是单独购买，旅游保险产品相对单一，旅游保险订单数量也有限，此次由旅行社协会组织的旅行社统一采购保险，形成了一个很大的买方市场，也引起了保险公司、保险经纪公司的重视。经过旅行社协会和江泰保险经济有限公司多次磋商，达成了共识，召开此次旅游保险产品说明会。此次旅游行业与保险行业的牵手，使旅游保险产品更加丰富，为旅行社和游客提供了更优质的服务，也为游客在旅游过程中提供了更有效的保障，促进了山东省旅游行业健康发展。

请分析集中采购的优势。

（3）正确处理预订和退订、预订和增订的关系

★引导问题3：

案例：4月15日，某旅行社接到某外贸公司的传真，要求旅行社为他们预订5月1日至4日某五星级客房4间，其中豪华套房2间，普通标准间2间，共计支付房费40 000元。旅行社立即向该饭店发出传真，在黄金周前向某饭店预订客房，饭店要求支付全额费用，否则将不予保留。某旅行社按照饭店的要求，支付了全额房费。4月29日，旅游团因故取消行程，旅行社立即通知饭店，取消预订客房，并希望全额退还房费，饭店要求旅行社支付全额房费80%的违约金，共计32 000元，旅行社只可以收回剩余房费8 000元。旅行社不能接受，几经交涉没有结果，向旅游管理部门投诉，要求饭店退还32 000元房费。

旅游管理部门接到旅行社的投诉后，立即向饭店作进一步的了解，并要求饭店就旅行社的投诉提出书面意见。饭店销售部接到旅游管理部门的要求后，对事件的经过作了详细的调查，并向旅游管理部门做出了答复。饭店认为，由于饭店在旅行社预付房费时，已经明确告知旅行社，假如旅行社客人不按照约定前来住宿，饭店将扣除全额房费，旅行社也已经表示同意。考虑到该旅行社是饭店的常客，所以酌情予以减免违约金。从饭店提供的相关书面证据表明，饭店与旅行社在"五一"黄金周有传真往来，对饭店客房的租赁达成了协议，但往来传真中没有对退房违约责任进行约定。旅游管理部门将调查情况向旅行社核实，询问旅行社是否与饭店达成退房违约金的口头协议，旅行社矢口否认，并声称饭店收取旅行社违约金不合法，是"霸王条款"所致；更何况旅行社既没有和外贸公司达成违约责任约定，也没有向外贸公司收取违约金；饭店扣除违约金，旅行社难以接受，要求旅游管理部门责令饭店退还已经扣除的违约金。

请问如何处理预定和退订、增订的关系。

（4）正确处理变更订单的采购

⭐引导问题4：

案例： 2015 年 6 月 23 日，某旅行社与一所学校订立了赴张家界 7 日游的《旅游组团合同》，合同总费用是 235 万余元，游客是 142 人，7 月 14 日出发，去程乘火车硬卧。合同约定，如因旅行社原因导致旅游活动不能成行而取消的，旅行社应立即通知学校方，并按照如下标准支付违约金：在旅游日第 5 日前通知到的，支付全部旅游费用的 10%。订立合同的次日，旅行社向某票务中心发出传真，要求订购 142 张从北京西至张家界的火车票。票务中心在传真上盖章予以确认。

7月5日，票务中心电话告知旅行社说火车票无法买到。无奈之下，旅行社和学校方变更了合同：游客84人，总费用为139万余元，交通工具改为飞机，由旅行社用违约金补贴相关费用。由于火车改为飞机，旅行社不但增加了飞机票、导游等相关费用，还因50多人不能成行而造成预期收益损失9 900余元。旅行社与票务中心就损失部分协商未果，于是提起诉讼，要求票务中心赔偿各项损失共计6.3万余元。票务中心认为，他们在传真件上盖章的意思表示同意代为购票，但不能保证一定实现，原告方购票量较大，且全部为卧铺，他们积极履行，但还是未能实现，在离旅游日尚有9天时及时通知了原告，所以，后期是因原告自己的原因导致损失扩大的，与他们无关。被告还认为，与原告之间签订的合同是委托合同，原告委托他们购买火车票，并未支付任何费用，如果违约，应是原告违约在先，所以不同意原告的诉求。

在处理计划变更时应遵循什么原则？

（5）加强采购合同的管理

★ 引导问题5：加强采购合同的管理。

案例： 2006年5月2日19时许，武汉市A旅行社组织的40名前往张家界游览的游客，当赶到预订宾馆时，被告知客满，不得不另寻住处。经过1个小时左右的颠簸，导游员小魏将游客带到一处地处荒郊的"野火人家"。然而，游客发现此处并非正式旅馆，且条件很差，便强烈要求返回市区住宿。僵持了近2个小时后，导游员小魏将游客带回市区，并按旅行社指示要求游客自己找旅馆住宿，待回到武汉后酌情退还住宿费。直到22：50左右，才将游客分散安排完毕。

思考：

1.该旅行社在旅游服务采购方面存在哪些问题？

2.旅行社该如何加强与旅游服务供应商之间的采购合同管理？

● 评价反馈

（1）学生自我评价

学生自评表

班级：　　　　　　　　　姓名：　　　　　　　　学号：

评价项目	评价标准	分值	得分
正确处理保证供应与降低成本的关系	运用原理准确分析案例	12	
正确处理集中采购与分散采购的关系	运用原理准确分析案例	12	
正确处理预定和增订、退订的关系	运用原理准确分析案例	12	
正确处理变更订单的采购	运用原理准确分析案例	12	
加强采购合同的管理	运用原理准确分析案例	12	
工作态度	态度端正，无缺勤、迟到、早退现象	8	
工作质量	能按计划完成工作任务	8	
协调能力	与小组成员、同学之间能合作交流，协调工作	8	
职业素质	能做到细心、严谨	8	
创新意识	案例分析过程中有独到见解	8	
合计		100	

（2）学生互评

学生互评表

评价项目	分值	等级							评价对象（组别）					
									1	2	3	4	5	6
计划合理	10	优	10	良	9	中	7	差	6					
团队合作	10	优	10	良	9	中	7	差	6					
组织有序	10	优	10	良	9	中	7	差	6					
工作质量	20	优	20	良	18	中	14	差	12					
工作效率	10	优	10	良	9	中	7	差	6					
工作完整	10	优	10	良	9	中	7	差	6					
工作规范	10	优	10	良	9	中	7	差	6					
成果展示	20	优	20	良	18	中	14	差	12					
合计	100													

（3）教师评价

教师评价表

班级：			姓名：		学号：	
项目二　旅行社采购业务			典型工作环节五　加强采购管理			
评价项目		评价标准		分值		得分
考勤（10%）		无迟到、早退、旷课现象		10		
工作过程（60%）	正确处理保证供应与降低成本的关系	运用原理准确分析案例		8		
	正确处理集中采购与分散采购的关系	运用原理准确分析案例		8		
	正确处理预定和增订、退订的关系	运用原理准确分析案例		8		
	正确处理变更订单的采购	运用原理准确分析案例		8		
	加强采购合同的管理	运用原理准确分析案例		8		
	工作态度	态度端正，无缺勤、迟到、早退现象		4		
	工作质量	能按计划完成工作任务		4		
	协调能力	与小组成员、同学之间能合作交流，协调工作		4		
	职业素质	能做到细心、严谨		4		
	创新意识	案例分析过程中有独到见解		4		
项目成果（30%）	工作完整	能按时完成任务		10		
	工作规范	能按原理完成计算和案例分析		10		
	成果展示	能准确表达、汇报工作成果		10		
合计				100		
综合评价		学生自评（20%）	小组互评（30%）	教师评价（50%）	综合得分	

🏠 拓展思考题

张某参加了广州某旅行社组织的桂林、漓江、古东瀑布5日超豪团。行程约定第一天乘坐早上9:35的飞机前往桂林，接着游览桂林各处的景点。在候机期间张某与团友突然接到航空公司的通知，此次航班要延误至当晚的18:30起飞，航空公司将为乘客安排酒店休息，并向乘客作出200元的补偿。因航班延误，原计划第一天的行程将无法进行，旅行社征得全团游客的书面同意后，将桂林的两个景点更改为阳朔的银子岩与世外桃源。但鉴于行程紧张，张某向旅行社提出能否将原定早上回程的航班改到下午，便于在桂林补回第一天未参观的景点，旅行社以无法更改航班为由拒绝了张某的要求。于是张某向质监所投诉，要求旅行社退还桂林未游览景点的费用，并作出违约赔偿。旅行社认为航班延误属于不可抗力因素，而旅行社已经采取了补救措施不应再作赔偿。

请思考：旅行社需要做出赔偿吗？为什么？

📊 工作流程

步骤1：正确处理保证供应与降低成本的关系

保证供应和降低成本貌似看上去是矛盾的，实则是一致的，它的含义就是"既要保证供应，又要降低成本"，听上去有点自相矛盾。的确是这样，因为保证供应与降低成本本身就是一对矛盾。因此，在实际工作中旅行社要针对不同情况，在这两者之间有不同的侧重，或者说，是在不同时期采用不同的策略来协调这对矛盾。在供应紧张时，侧重供应，调动所有关系，全力以赴保证供应。在供应充足时，侧重降低成本，尽可能多地扩大利润空间。例如，在旅游旺季时，机票常常是旅游业务最大的顽敌，报名参团的人数很多，可是机位却迟迟不能确认。此时"交通运输网"的作用就显现出来了。谁的网络范围广泛、合作关系良好，谁就能拿到更多的机位，也就能保证更多的成团率，这不仅能显示自己的运营实力，还能赢得潜在的客源市场。而在旅游淡季时，机位充足，客源紧缩，为了吸引尽可能多的旅游者，旅行社就要凭借良好的"交通运输网"，拿到优惠的价格，降低成本，提高产品的市场竞争力，保证自己旺季不慌、淡季不淡。

步骤2：正确处理集中采购与分散采购的关系

集中采购是旅行社最主要的采购策略。旅行社是旅游中间商而不是旅游者，它把旅游者的消费需求集中起来向旅游服务供应企业采购，这种采购是批量采购而不是零星分散的采购。按照商业惯例和一般规律，批发价格应该比零售价格低，而且批发量越大，价格也就越低。因此，旅行社计调部门应该集中自己的购买力以增强在采购方面的还价能力。集中购买有两个方面的含义是把本旅行社各部门和全体销售人员接到的全部订单集中起来，通过一个渠道对外采购;二是把订单尽可能集中地投向一个供应商进行采购，用最大的购买量获得最优惠的价格。

分散采购也是旅行社采购时常用的策略，其重要性不亚于集中采购。在供不应求的紧张情况下，分散采购可能更易于获得旅游者所需的服务。另外，在供过于求十分严重的情况下，分散采购往往能够得到便宜的价格。这是因为，集中采购数量虽大，但其中远期预订较多，而远期预订具有较大的不确定性。例如，当旅行社和供应单位谈判来年的采购合同时，旅行社可以提出一个量很大的采购计划，但到来年，可能会由于种种原因使实际采购量比计划采购量减少很多。也就是说，计划量大，"水分"（即取消率）含量可能也高，供应单位会因此对买方计划的可靠性缺乏信心，也就不一定愿意把价格定得很低。反之，分散采购多是近期预订，预订时旅行社一般已有确定的客源，供应单位迫于供过于求的压力，常常愿意以低价出售。对于上述问题，旅行社计调可以采取两种策略:其一，计调人员和卖方商定适当的数量折扣，不论今后的实际采购量如何，买卖双方都以事先商定的折扣进行集中交易，从而双方都有利可图;其二，如果计调人员判定来年将出现严重的供过于求情况，则也可以用分散采购的策略，用近期预订的办法获得优惠价格。但是要注意，不论对卖方采取集中还是分散的采购策略，旅行社计调部门都应该把内部的购买力集中起来统一对外。

步骤3：正确处理预定和退订、增订的关系

计划采购量一般是由旅行社参照前几年的实际客流量，并根据对来年的市场预测确定的。计划数额与实际需求之间总会有差距，这就要求旅行社具有良好的预测、约定和应急能力，能处理好预订与退订、增订的关系。也就是说，在正常情况下，即在没有突发和意外事件时，旅行社要对自己往年的客流量有精确的统计，对来年市场的预测有理有据、准确率高。在与相关行业签订合约时，充分考虑各种特殊情况发生的可能性，细致入微地约定好临时退订和临时增订条款，尤其是对非常事件和不可抗力造成的退订约定，并且要详尽明确，合理维护自己的权益，避免买卖双方发生不必要的纠纷。在实际运作过程中，如果计划预订量大于实际需求量，就需要临时退订，产生退订费用;反之，计划预订量小于实际需求量时，就需要临时增订，产生增订费用。增订一般还会有一定的数额限制。买卖双方因立场不同，对退订和增订的期限、数额和相应的费用，有着截然相反的期望。买方旅行社希望退订的期限越晚越好，增订的限额越高越好，退订的费用越少越好;而卖方则正好相反。总之，退订期限越晚，退订费用就越高，最高可达到销售价格的100%。

一般情况下，如果买卖双方能本着互惠互利、相互理解、相互支持的原则，着眼

长久和未来，是能够达成共识的，也是可以共同解决好预订与退订、增订的矛盾关系的。买卖双方协商的结果不可避免地要受到市场供求状况的影响。一方面，供过于求的市场状况有利于旅行社获得优惠的交易条件；另一方面，双方协商的结果还取决旅行社的采购信誉。如果在过去几年中旅行社的采购量一直处于稳步增长状态，其计划采购量与实际采购量之间的差距比较小，卖方就愿意提供较为优惠的条件。

步骤4：正确处理计划变更的采购

旅游计划的变更以及突发事件的发生，都会影响到旅游活动的进程，并影响到原先的采购，这就需要计调部门对采购工作进行调整。一般来讲，计划变更后的采购工作。

应遵循以下3条原则：

①变更最小原则。将计划变更所涉及的范围控制在最小限度，尽可能对原计划不做大的调整，也尽量不引起其他因素的变动。

②宾客至上原则。旅游计划是进行旅游活动的依据，旅行社同旅游者约定后一般不随便更改，尤其是在旅游活动过程中。对于不可抗力因素引起的行程变故，应充分考虑旅游者的意见，并求得他们的谅解。

③同级变通原则。变更后的服务内容应与变更前的安排在级别、档次上力求一致，尤其是在酒店设施和服务方面。由于计划变更而造成旅游者利益损失的，旅行社应给予合理的赔偿或补偿，也可采取加菜、赠送纪念品等形式弥补因变更给旅游者带来的损失。

步骤5： 加强对采购合同的管理

合同是人们在生活和生产活动中进行交换时经常需要借助的一种形式，在不违反法律强制性规定的前提下，双方当事人平等协商自愿达成一致的意见，可避免和正确处理可能发生的纠纷。旅游采购是一种预约性的批发交易，是一次谈判、多次成交的业务，谈判和成交之间既有时间间隔，又可能会有数量差距。

旅游采购的这种特点，使得旅行社与协作部门之间为预防各种纠纷的发生而事先签订采购合同显得尤为重要。但由于旅游业竞争激烈，旅行社一般没有相对固定的采购协作网络，一些旅行社在认识上存在偏差，因此很少使用采购合同，这也是造成目前买卖双方纠纷较多的原因之一。旅行社应重视合同的作用，与其协作部门通过合同这一形式进行更规范的合作，这样既保证了双方的利益，也有利于我国旅行社行业的健康发展。

项目三

旅行社产品营销

》 项目导读

　　旅行社产品营销是一个综合的复杂的过程，是旅行社利润的来源。面对激烈的行业竞争，旅行社产品营销状况的好坏决定着旅行社能否生存。根据产品营销流程，本项目包含五个典型工作环节，即产品设计开发、产品价格定制、产品销售、产品市场促销、产品售后服务。营销是一门科学，同时也是一门艺术。每一位旅行社管理人员，特别是营销人员都应当有意识地不断开发出好的产品，同时具备一定水平的综合营销知识来保证企业的生存和发展。

》 学习目标

　　通过本项目的学习，学生应认识到产品营销是一个复杂的综合的过程，由若干个相互关联的环节组成。重点掌握旅行社产品开发、价格定制、产品销售、市场促销和售后服务等技能。

》 知识地图

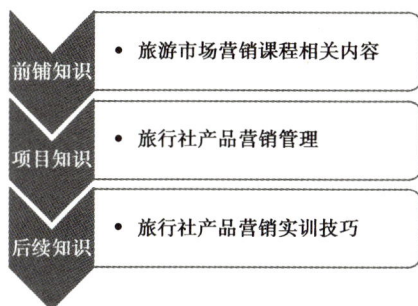

典型工作环节一　产品设计开发

姓名：　　　　班级：　　　　日期：

✕ 典型工作描述

旅游产品设计开发是旅行社产品营销的前提。旅游线路是旅行社的典型产品，也是其核心产品，旅行社产品的设计开发往往体现在旅游线路的设计开发上。从游客的角度来说，一条旅游线路包含了游客从居住地到旅游目的地，又从旅游目的地回到居住地这一旅游全过程即食、住、行、游、购、娱等各个方面的需求。旅行社设计开发的旅游产品应该能够满足游客以上的全部需求。如今定制旅行已经成为非常受欢迎的一种个性化的出游方式，最主要的特点就是从客户的需求出发，为其量身制作行程方案，并且提供高品质行中服务。因此学好产品设计开发是关系到旅行社生存发展的重要环节。

🖥 学习目标

1.掌握旅游线路设计开发的程序和相关注意事项；
2.能综合运用旅游线路设计开发的相关知识进行线路设计开发；
3.能根据客户旅游需求设计开发私人定制旅游方案。

📖 任务书

赵先生打算7月从上海到北京旅游，2+1家庭出游，小朋友9岁，喜欢动物及历史人文，不要廉价航空，酒店条件要好一些，不喜欢长时间坐车，有体验当地特色美食和民俗活动的需求，人均预算属于豪华型。

根据以上内容，综合运用旅游线路设计开发的相关知识进行线路设计开发，为赵先生定制一条符合其需求的线路。

🐾 任务分组

学生任务分配表

班级		组号		指导教师	
组长		学号			
组员					

任务分工

🖥 工作准备

1.阅读工作任务书,再次熟悉旅行社产品(旅游线路)设计开发的相关内容。

2.查阅《旅游法》对游客购物和参加自费项目的规定。

▦ 工作实施

(1)确定线路名称

✦ 引导问题1:根据赵先生的旅行需求,怎样的线路名称更吸引人?

分组为赵先生的旅行定制一个吸引人的名称。

小组	此次私人旅行行程名称
1	
2	
3	
4	
5	
6	

小知识

名称是旅游线路的内容和设计思路等方面的高度概括,新颖的线路名称能很快吸引游客的注意力,增加产品的影响力,有利于树立产品的形象,避免同质化。一个好的线路名称要符合下列要求:简约、特色鲜明、主题突出、紧扣时代等。

(2)确定旅游内容

✦ 引导问题2:从给出的案例内容具体分析赵先生此次旅游的行程内容,哪些信息是需要在设计线路时应该尤其关注的?

小组	此次私人旅行行程名称
1	
2	
3	
4	
5	
6	

　　在设计旅游线路时，要先根据线路名称大致确定行程内容，包括什么时间去哪些旅游地、看哪些景点、安排什么娱乐活动等。在确定行程内容时，既要体现旅游的主题，做到与线路名称相符，又要考虑内容是否做到劳逸结合，富有节奏感。

　　（3）确定游览线路

　　✦ 引导问题3：如何为赵先生设计符合私人需求的游览线路？哪些景点景区是应该安排的？

小组	游览线路
1	
2	
3	
4	
5	
6	

　　小知识

　　游览线路是整条旅游线路最基本的单元，根据旅途中要经过的城市和目的地合理地策划出起点、终点和途径地。游览线路常常分为三种：一是流线型，即起点和终点不是同一座城市；二是环形，即起点和终点重合，形成闭合的旅游回路；三是辐射型，即从一个起点出发，终点有多个。无论选择哪种游览线路，都要考虑时间和金钱的成本，还要尽可能考虑大多数游客的意愿。

　　（4）计划活动日程

　　✦ 引导问题4：如何为赵先生设计该次旅游活动日程？

小组	游览活动日程
1	

续表

小组	游览活动日程
2	
3	
4	
5	
6	

小知识

游览线路确定后，还要确定日程安排，这涉及每一个游览点的游览时间长短。安排时间的长短与活动内容的性质有关，也与景区大小有关。另外，可以考虑在出发不久、行程中以及行程即将结束的时候给游客创造几次游览的高潮，给游客对此次行程留下深刻而美好的印象。

（5）选择交通方式

★ 引导问题5：适合赵先生的交通方式有哪些？并说明理由。

小组	交通方式（理由）
1	
2	
3	
4	
5	
6	

小知识

无论选择哪种交通工具，都要把握的基本原则是"安全、快捷、方便、舒适"。安全和快捷是根本要求，方便和舒适是基本要求。选择交通方式既要根据旅游团的具体情况，也要充分考虑各种交通工具的不同特点。如长距离旅游一般选择飞机、火车，短距离旅游一般选择汽车、轮船等。一次旅游活动如果距离远、时间长，应尽量选择多种交通工具，进行合理搭配，并适当选择一些特别的交通方式，如骑骆驼、乘竹筏、坐观光火车等，既满足了交通的需要，又增添了旅游乐趣。

（6）安排住宿餐饮

★ 引导问题6：符合赵先生需求的住宿餐饮如何安排？并说明理由。

小组	住宿餐饮（理由）
1	
2	
3	
4	
5	
6	

小知识

住宿和餐饮是完整的旅游线路中必不可少的组成部分，也是旅游活动顺利进行的保证。在安排住宿餐饮时，要充分考虑游客的需求，满足实际需要。

（7）留出购物时间

✦ 引导问题7：符合赵先生需求的购物如何安排？并说明理由。

小组	购物（理由）
1	
2	
3	
4	
5	
6	

小知识

旅游购物是游客旅游过程的重要组成部分，通常占到游客总花费的30%。多数游客都会在旅游过程中购买一些风味特产、工艺美术品等。因此，在设计旅游线路时，旅行社可以根据游客的需求适当安排购物，但要遵守时间合理的原则和法律法规的规定。

（8）筹划娱乐活动

✦ 引导问题8：符合赵先生需求的娱乐活动如何安排？并说明理由。

小组	娱乐活动（理由）
1	
2	
3	
4	
5	
6	

小知识

娱乐是组成旅游的"六要素"（吃、住、行、游、购、娱）之一。在较长时间的旅游过程中，旅行社可适当安排一些娱乐活动，不仅可以丰富充实旅游活动，还可以消除参观游览疲劳，增进文化交流。因此，旅行社在安排旅游线路时，坚持自愿的原则，可适当加入娱乐项目。

（9）旅游线路报价

★ 引导问题9：符合赵先生需求的此次行程如何报价？并说明理由。

小组	报价（理由）
1	
2	
3	
4	
5	
6	

小知识

　　旅游线路产品的报价应该在成本的基础上加上一定的利润，因此，在旅游线路产品报价前应首先认真核算产品的成本。一般来说，旅游线路的成本包括大交通费用、车费（除去大交通以外的所有车费）、房费、餐费（考虑餐标）、首道门票费、导游服务费等。

　　最后，各小组综合以上私人定制线路设计内容，为赵先生做出一份完整的线路设计方案。每个小组合作制作PPT并派一名代表汇报展示。

● 评价反馈

（1）学生自我评价

学生自评表

班级：	姓名：	学号：		
评价项目	评价标准	分值	得分	
确定线路名称	合理得当	10		
确定旅游内容	合理得当	10		
确定游览线路	合理得当	10		
计划活动日程	合理得当	10		
选择交通方式	合理得当	10		
安排住宿餐饮、购物、娱乐活动	合理得当	10		
旅游线路报价	合理得当	10		
工作态度	态度端正，无缺勤、迟到、早退现象	6		
工作质量	能按计划完成工作任务	6		
协调能力	与小组成员、同学之间能合作交流，协调工作	6		
职业素质	能做到细心、严谨	6		
创新意识	案例分析过程中有独到见解	6		
合计		100		

（2）学生互评

学生互评表

评价项目	分值	等级								评价对象（组别）					
										1	2	3	4	5	6
计划合理	10	优	10	良	9	中	7	差	6						
团队合作	10	优	10	良	9	中	7	差	6						
组织有序	10	优	10	良	9	中	7	差	6						
工作质量	20	优	20	良	18	中	14	差	12						
工作效率	10	优	10	良	9	中	7	差	6						
工作完整	10	优	10	良	9	中	7	差	6						
工作规范	10	优	10	良	9	中	7	差	6						
成果展示	20	优	20	良	18	中	14	差	12						
合计	100														

（3）教师评价

教师评价表

班级：		姓名：		学号：	
项目三　旅行社产品营销		**典型工作环节一　产品设计开发**			
评价项目		**评价标准**		**分值**	**得分**
考勤（10%）		无迟到、早退、旷课现象		10	
工作过程（60%）	确定线路名称	合理得当		6	
	确定旅游内容	合理得当		6	
	确定游览线路	合理得当		6	
	计划活动日程	合理得当		6	
	选择交通方式	合理得当		6	
	安排住宿餐饮、购物、娱乐活动	合理得当		6	
	旅游线路报价	合理得当		6	
	工作态度	态度端正，工作认真、主动		6	
	协调能力	能按计划完成工作任务		6	
	职业素质	与小组成员、同学之间能合作交流，协调工作		6	
项目成果（30%）	工作完整	能按时完成任务		10	
	工作规范	能按原理完成计算和案例分析		10	
	成果展示	能准确表达、汇报工作成果		10	
合计				100	
综合评价		学生自评（20%）	小组互评（30%）	教师评价（50%）	综合得分

🏠 拓展思考题

如今定制旅行已经成为颇受大众欢迎的一种新型旅游方式，"定制旅游产品"应运而生。请查找资料，了解一下定制旅游和定制旅游产品方面的相关内容，并思考：相比传统旅游产品，定制旅游产品的特色和优势是什么？

相关知识点

知识点1：旅行社营销组合

美国市场营销学教授麦卡锡将各种营销因素归纳为基于产品、价格、促销和渠道的"4P"理论。旅行社营销组合是指旅行社为达到市场上所追求的营销目标，而采用的可控性营销变量组合，主要包括旅行社产品、价格、促销和渠道4个方面。本环节内容就是关于旅行社营销组合的第一个方面，即旅行社产品。

知识点2：旅行社产品

旅行社产品是旅行社根据市场需求，通过采购并整合景点、交通、住宿、餐饮、购物、娱乐等单项服务产品，将自己的服务贯穿于其中的、向旅游者提供在旅游活动过程中的全部产品和服务的总称。旅行社产品具有以下几种典型特征：综合性、不可感知性、不可分离性、不可贮存性、异质性、易波动性、质量的后效性。

知识点3：旅行社产品开发

旅游产品开发是根据市场需求，对旅游资源、旅游设施、旅游人力资源及旅游景点等进行规划、设计、开发和组合的活动。主要包括两个方面的内容：一是对旅游地的规划和开发，二是对旅游路线的设计和组合。

知识点4：旅行社产品的开发程序

旅行社产品的开发一般要经过下列程序：市场调查、产品方案的拟订与选择、产品策划研制、试产试销和投放市场。

知识点5：旅游线路

旅游线路是指为了使旅游者能够以最短的时间获得最大的观赏效果，由旅游经营部门利用交通线串联若干旅游点或旅游城市（镇）所形成的具有一定特色的合理走向。

知识点6：旅游线路的类型

根据不同的分类标准，可以将旅游线路划分为多种不同的类型：

①按旅游线路的距离，可分为短程旅游线、中程旅游线、远程旅游线；

②按旅游线路的全程计算旅游时间，可分为一日旅游线、二日旅游线、三日旅游线和多日旅游线；

③按旅游线路的性质，可分为普通观光旅游线和专题旅游线；

④按旅游线路对游客吸引范围的大小，可分为国际旅游游线、国家级旅游线和区内旅游线；

⑤按旅游线路的空间布局形态，可分为两点往返式旅游线、单通道式（单线贯通式）旅游线、环通道式（环形贯通式）旅游线、单枢纽式（单点轴辐式）旅游线、多枢纽式（多点轴辐式）旅游线和网络分布式旅游线。

知识点7：旅游线路的设计程序

①确定线路名称；

②确定旅游内容；

③确定游览线路；

④计划活动日程；

⑤选择交通方式；

⑥安排住宿和餐饮；

⑦合理安排购物；

⑧合理安排娱乐活动；

⑨旅游线路的报价。

知识点8：旅游线路报价的计算

旅游线路产品的报价应该在成本的基础上加上一定的利润，因此，在旅游线路产品报价前应认真核算产品的成本。下面所列出的是一个旅游线路产品的主要支出，也是这一线路产品在报价前应认真进行核算的。

1.大交通费

大交通费指的是从客源地前往主要旅游目的地的交通支出，一般指的是为游客购买飞机票、火车票、长途客车票、轮船票的费用。

2.车费

这里的车费指的是除去大交通外的车费。一般来说，旅游团在到达旅游目的地后，还需要有旅游包车承担接送游客的任务。

车的座位数越多，用车成本也越高。用车成本还与距离、使用天数、车型、车价等有关。

3.房费

房费是指旅游全程的住宿费。一般按照与酒店的协议计价。房费中还可能涉及单男、单女的补差，以及是否存在加床、加住、延时退房等。

4.餐费

餐费是指一日三餐的费用。现在的旅游团早餐一般含在宾馆的房费中，有的正餐是含在机票、船票中的，这都不计入餐费。

5.门票费

门票费是指景点门票支出及景区内观光车、索道等的支出。一般来说，旅行社只承担景点的首道门票支出，景区内的其他支出由游客自理。

6.导游服务费

导游服务费一般按旅游天数、旅游团人数及具体标准综合计算。

典型工作环节二　产品价格定制

姓名：　　　　　班级：　　　　　日期：

⚒ 典型工作描述

旅行社产品价格是产品营销组合中唯一产生效益的因素，同时也是十分敏感，不好控制的因素。在定价时要综合考虑各种定价因素，有针对性地调整定制价格。

🖥 学习目标

1.掌握影响旅行社产品价格的因素及定价方法和策略；

2.能综合考虑内外部因素，运用定价方法和策略做案例分析以及定制旅行社产品价格。

📖 任务书

根据给定的案例内容，综合考虑内外部因素，运用定价方法和策略做案例分析以及定制旅行社产品价格。

👥 任务分组

学生任务分配表

班级		组号		指导教师	
组长		学号			
组员					

任务分工

🖥️ 工作准备

1.阅读工作任务书，再次熟悉旅行社产品价格定制内容。

2.查阅《旅行社条例》第27、34、37条以及《国家旅游局关于打击组织"不合理低价游"的意见》对旅行社产品成本和价格的规定。

3.掌握旅行社产品定价方法及策略等相关知识。

▦ 工作实施

（1）计算旅行社成本及利润

★ 引导问题1：与其他众多产品的价格一样，旅行社产品的价格由成本、税金和利润3部分构成。成本往往包括房费、餐费、交通费、参观游览费、文娱活动费以及营业、管理、财务等费用。

案例：时代旅行社的镇北堡影视城、贺兰山岩画、拜寺口双塔、西夏王陵一日游产品，15人报团，无儿童，不议价。交通价格方面参照各大汽车租赁公司价格：15座中巴车（含司机）每天650元。门票价格方面参照同城网价格：贺兰山岩画54元，西夏王陵50元，拜寺口双塔10元，由于镇北堡影视城没有同城网价格，因此暂按60元计。导游服务和保险以各大旅行社一日游标准计：导游服务费60元/天，保险费为10元/人。营业额850元。

请计算该案例中旅行社产品的成本。

小知识

旅游业应缴纳营业税、城市维护建设税和教育费附加、企业所得税等税费。

营业税税额＝营业额×税率（5%）

城市维护建设税税额＝营业税×税率（7%）

教育费附加＝营业税税额×附加率（7%）

企业所得税＝应纳税所得额×税率（18%/27%）

★ 引导问题2：旅行社产品的利润为旅行社产品价格减去成本和税金。

案例： 上述案例中的时代旅行社的镇北堡影视城、贺兰山岩画、拜寺口双塔、西夏王陵一日游产品，报价为288元／人。

请计算该产品的利润。

（2）旅行社产品价格定制

★ 引导问题3：新产品可以采用高价取脂定价策略定价。

案例：

"史上最豪华旅游团"："环游世界60天"报价50万元

2010年4月29日，携程旅行网、台湾易游网、香港"最佳旅行社"永安旅游三方强强联手，首次在港澳台地区同时推出顶级旅游团"环游世界60天"，报价50万元。这是国内首次真正意义上的环游世界行程，包括大洋洲、南美洲、欧洲、非洲、亚洲、南极洲、北极圈等地最具代表性及可看性的13个国家，成功攻克了行程规划、组织、预订、协调过程中的复杂难题，安排16段国际航线商务舱、15段区域航线经济舱和2段邮轮包机，以及游艇、直升机、登山火车等全方位海陆空交通服务，参观的景点都是各大洲最具代表性的，入住的都是全世界顶级的酒店，还提供专业的管家和专家式游览、管理服务。"环游世界60天"顶级行程开卖后9分钟内，确定出行意向的报名人数，就报满了计划的20人名额。由于报名情况超过预期，为尽量满足客人需求，主办方增加了机位，名额由计划的20人增加到29人，分为两个团出行。目前这些客人的定金（每人10万元）已经全部交付，主办方开始确认和安排航班、地接等资源，正式启动这个"史上最豪华旅游团"行程，紧锣密鼓准备2011年初的起航。浙江在线2011年4月21日讯港澳台地区首次共同打造的华人旅游史上最豪华的旅游产品——携程旅游、香港永安旅游、台湾易游网合作的"环游世界60天"顶级行程，已经顺利完成在各大洲的游历，最近回到国内。

请运用高价取脂定价策略分析该旅行社产品价格的定制。

★ 引导问题4：新产品可以采用市场渗透定价策略定价。

案例：

低价港澳游走进百姓

2007年9月28日，"十一"黄金周由宁夏发出的首列旅游专列缓缓驶出银川火车站，800多名宁夏游客带着他们的期待，开始了为期10天的香港全程旅游，这也是当年我区赴香港的最大旅游团队。此次专列由宁夏铁发集团铁道旅行社和宁夏中国国际旅行社共同组织。1980元的低价，吸引了宁夏及周边地区的游客。宁夏中国国际旅行社陈志新总经理介绍，随着香港回归祖国10年，宁夏赴香港、澳门旅游的线路也逐渐成熟，适中的价格也被更多的平民游客所接受。此次专列以低价运营，目的正是希望让曾经高昂的港澳游真正走入寻常百姓中。（来源：宁夏网）

请运用市场渗透定价策略分析该旅行社产品价格的定制。

小知识

市场渗透定价策略

与高价取脂定价策略相反，市场渗透定价策略指的是旅行社在推出新产品时制定较低的价格，迅速而深入地渗透到市场当中，吸引更多的顾客，以便赢得更大的市场份额，获得利润最大化。这一策略的优点是薄利多销，产品很容易被旅游经销商和旅游消费者接受，从而迅速打开销路，使成本随着销售的增加而下降。其缺点是投资回收期长，不能根据市场竞争状况及时做出价格调整，且以后提价较难。

★ 引导问题5：旅行社产品还可采用心理定价策略定价。

案例： 时代旅行社的镇北堡影视城、贺兰山岩画、拜寺口双塔、西夏王陵一日游产品，产品定价为288元／人；贺兰山岩画、拜寺口双塔、苏峪口国家森林公园一日游的产品，产品定价为278元／人。

请运用心理定价策略分析该案例旅行社产品的定价。

小知识

尾数定价策略

尾数定价策略是心理定价策略的一种。它指旅行社在制定产品价格时，以有零头的数代替整数的定价策略。这种定价策略的优点是：首先，消费者会认为有零头的数比整数便宜得多，如998元和1000元实际上差不多，但998元给人的感觉要便宜很多，这可激发旅游者购买旅游产品的愿望；其次，有零头的数给人以精确的感觉，而整数给人不精确的感觉，所以尾数定价策略有时还能提升旅游者对旅行社的信任度；最后，有的旅游者对数字有着特别的偏好或忌讳，尾数定价策略可以针对旅游者的特点灵活制定价格。比如，中国人对数字"8"是有偏好的，而对数字"4"非常忌讳，因此以数字"8"结尾的旅游产品价格更容易吸引旅游者。

★ 引导问题6：旅行社产品还可采用其他的心理定价策略定价。

案例： 银川神州风采旅行社的大漠风光、六盘胜景、秀丽江南五日游产品，产品定价1 300元；宁夏观光国际旅行社的魅力宁夏·经典之旅（A线）（3晚4天）产品，产品定价1 200元。

请运用心理定价策略分析该案例旅行社产品的定价。

小知识

整数定价策略

与尾数定价策略相反，整数定价策略是另一种心理定价策略。它指旅行社在制定产品价格时，将产品的价格定成整数形式。整数定价将价格调整到一个能够代表其价值的整数，制定整数价格。一个合理的整数价格对旅游者来说，会认为该产品质量上乘，值得放心购买，使旅游者产生安全感。它有3个好处：①定价简便；②买卖方便；③显示"身价"。那些高档、名牌商品或非连续新产品定价多采用此策略。

★引导问题7：旅行社产品还可采用其他的心理定价策略定价。

案例：

线路一：银川神州风采旅行社的大漠风光、六盘胜景、秀丽江南五日游，报价1 300元。

线路二：宁夏招商国际旅行社宁夏5日游，报价1 666元。

两条线路基本相同，虽然线路二比线路一价格高，但更多的顾客选择了宁夏招商国际旅行社。

请运用心理定价策略分析该案例中旅行社产品的定价。

小知识

声望定价策略

声望定价策略是心理定价策略的一种，是旅行社用高价格显示产品的高品质形象。有些旅游者认为，消费高质量的旅游产品可以显示和提高其身份、地位和名望，价高质必优，高价旅游产品能满足旅游者这一心理需求。为吸引这一类旅游者，旅行社可以采取声望定价策略，对在旅游者心目中有较高信誉的产品制定较高的价格，既保障了旅行社的利润，又有利于旅行社有更多的财力去维护这一产品的品质。

★ 引导问题8：旅行社产品还可采用折扣定价策略定价。

案例：海滨假日旅行社去年暑期重磅推出两条旅游路线产品：①7月到青海旅游！青海8天7晚豪华游，两人同行一人免单；②一生必游一次新疆！新疆旅游10天9晚，出发前提前十天报名享5折优惠，吃住行全包。这两个产品一经推出，报名的游客蜂拥而至，旅行社当月的营业额远远超过其他同类旅行社。

请运用折扣定价策略分析该案例中旅行社产品的定价。

小知识

折扣定价策略

折扣定价策略主要包括数量折扣、现金折扣和季节折扣这几种方式。数量折扣是为了鼓励游客更多地购买某种旅游产品而采用的折扣定价策略。当游客一次性购买的数量达到旅行社的要求时，就可以享受一定的折扣，如案例里的第一条旅游产品。现金折扣是对提前付款的顾客给予的一种优惠折扣，越早付款，折扣越大，通过这种方式可以刺激和吸引游客提前预订旅游产品，如案例里的第二条旅游产品。第三种折扣方式是季节折扣。旅行社为了吸引游客在消费淡季进行消费和购买而采取的折扣定价策略。需要注意的是，无论采取哪种折扣定价策略，旅行社应该服从国家政策的要求，同时要保证旅游产品的质量。

● 评价反馈

（1）学生自我评价

学生自评表

班级：　　　　　　　　姓名：　　　　　　　　学号：

评价项目	评价标准	分值	得分
计算旅行社产品成本	1. 不漏项；2. 计算准确	10	
计算旅行社产品利润	1. 不漏项；2. 计算准确	10	
采用高价取脂定价策略定价	运用原理准确分析案例	10	
采用市场渗透定价策略定价	运用原理准确分析案例	10	
采用尾数定价策略定价	运用原理准确分析案例	10	
采用整数定价策略定价	运用原理准确分析案例	10	
采用声望定价策略定价	运用原理准确分析案例	10	
工作态度	态度端正，无缺勤、迟到、早退现象	6	
工作质量	能按计划完成工作任务	6	
协调能力	与小组成员、同学之间能合作交流，协调工作	6	
职业素质	能做到细心、严谨	6	
创新意识	案例分析过程中有独到见解	6	
合计		100	

（2）学生互评

学生互评表

评价项目	分值	等级							评价对象（组别）					
									1	2	3	4	5	6
计划合理	10	优	10	良	9	中	7	差	6					
团队合作	10	优	10	良	9	中	7	差	6					
组织有序	10	优	10	良	9	中	7	差	6					
工作质量	20	优	20	良	18	中	14	差	12					
工作效率	10	优	10	良	9	中	7	差	6					
工作完整	10	优	10	良	9	中	7	差	6					
工作规范	10	优	10	良	9	中	7	差	6					
成果展示	20	优	20	良	18	中	14	差	12					
合计	100													

（3）教师评价

教师评价表

班级：		姓名：		学号：	
项目三　旅行社产品营销		典型工作环节二　产品价格定制			
评价项目		评价标准		分值	得分
考勤（10%）		无迟到、早退、旷课现象		10	
工作过程（60%）	计算旅行社产品成本	1. 不漏项；2. 计算准确		6	
	计算旅行社产品利润	1. 不漏项；2. 计算准确		6	
	采用撇脂定价策略定价	运用原理准确分析案例		6	
	采用市场渗透定价策略定价	运用原理准确分析案例		6	
	采用尾数定价策略定价	运用原理准确分析案例		6	
	采用整数定价策略定价	运用原理准确分析案例		6	
	采用声望定价策略定价	运用原理准确分析案例		6	
	工作态度	态度端正，工作认真、主动		6	
	协调能力	能按计划完成工作任务		6	
	职业素质	与小组成员、同学之间能合作交流，协调工作		6	
项目成果（30%）	工作完整	能按时完成任务		10	
	工作规范	能按原理完成计算和案例分析		10	
	成果展示	能准确表达、汇报工作成果		10	
合计				100	
综合评价		学生自评（20%）	小组互评（30%）	教师评价（50%）	综合得分

🏠 拓展思考题

2017年，首都航空开通了北京—里斯本直飞航线。大家知道，为了保证上座率，国际航线离不开旅行社组织的旅游团队的支持，北京—里斯本航线开通后，北京的旅游市场上陆续出现了西班牙、葡萄牙的连线产品。

最初的首航西葡产品，大多为可自费、可购物、需另付小费的低价团，市场售价在6 500元左右，毛利率在6%左右，几家西葡产品的供应商在收客数量上面旗鼓相当，不温不火。当时的一家批发商为了提高市场占有率，率先打响了价格战，将零售价直接降到了4 888元，降价幅度之大超出了A旅行社预期，收客立刻遇到强大阻力。

A旅行社销售部门将市场情况反映给了产品部门，产品部门立刻开会商量对策。通过对比产品，这款4 888元的西葡产品比他们的产品每天少一顿正餐，少了4个入内景点，酒店都是郊区三星，但是如果他们也降低标准，每团能够收满35人，每团结算利润几乎为0。摆在产品部门面前的是一道难题，如果不跟进调整，市场份额会全部丢失，如果跟进调整，每个团队都没利润，就失去了发团的意义。

A旅行社销售部门和产品部门再次一起开会共同讨论产品，提出了3个问题：①第一次去欧洲旅游的老年客人是否会选择西葡线；②参加西葡团的主力客群是年轻人还是老年人；③如果大家参加西葡团，大家最关注的产品元素是什么。充分讨论过后，大家得出几点共识：第一次去欧洲旅游的老年客人大多选择西欧德法意瑞连线产品，参加西葡团的客人年龄大部分应该在60岁以下，年轻人如果报名西葡团，更关注酒店、特色餐、奥特莱斯购物村、高迪的建筑等元素。于是该旅行社决定对产品重新进行设计，定位于适合中青年的中高端西葡品质产品。一场成功的产品变革拉开了序幕。

既然确定要做品质产品，就要关注旅游产品六要素，吃、住、行、游、购、娱，在升级后的西葡产品中，该旅行社所有午晚餐都包含在产品中，其中还安排了西班牙海鲜饭、塞维利亚烤乳猪等西班牙特色餐，酒店全部升级为国际四星酒店，在格拉纳达升级五星酒店；在交通上，为了解决首都航空里斯本单点往返行程绕路且车程长的弊端，加了一段里斯本飞巴塞罗那的内陆航班，直接缩短1 000千米的车程；在行程游览设计上，除了常规入内景点，独家将当地知名的普拉多博物馆和法拉利世界安排进去；在购物环节上，加入了巴塞罗那奥莱，同时承诺一价全含，拒绝导游推自费，如推自费予以自费单价十倍购付。

产品设计好了，成本核算出来了，该旅行社定出了15 888元的零售价，是原产品售价的2倍多。这么高的定价，肯定要让分销商知道产品贵在哪里，好在哪里。该旅行社在产品售卖前做了几十次的产品分享介绍活动，讲西葡的文化历史美食美景，对比与低价产品的差异。

有人说过，好的产品会说话，升级后的高品质产品得到了市场的认可，市场占有率、首都航空出票率始终名列华北地区前三位置，电商好评度、满意度均为最优产品，与此同时，产品毛利率大幅提升。

事实证明产品设计人员用心钻研产品，市场一定会有好的回应。

请结合旅游产品设计研发和产品价格定制相关知识，分析该旅行社取得成功的原因有哪些？

相关知识点

知识点1：旅行社产品价格的构成

与其他众多产品的价格一样，旅行社产品的价格由成本、税收和利润三部分构成。

1.成本

成本是制定价格的底线和基础，是影响定价的最直接的因素。一般情况下，旅行社产品成本越高，产品价格就越高。旅行社产品的成本主要包括固定成本和非固定成本。固定成本包括固定资产折旧费用、产品开发费用、企业管理费用、员工工资和福利等，非固定成本包括采购费用、员工奖金等。旅行社加强管理可以降低成本，从而降低产品价格，提高利润，增强市场竞争力。

2.税收

税收是国家对收入进行再分配的一种重要形式，一般情况下，国家的税种和税率是相对固定的。

3.利润

利润是产品价格减去全部成本和上缴税金后的余额。一般来说，一个行业的利润率相对固定。制定产品价格时，不可任意确定利润率，一般也是以全行业的平均利润水平为基础。因为国家税收基本是固定的，旅行社可以通过降低成本，减少费用，开发特色产品，扩大产品销售来增加利润。

知识点2：影响旅行社产品价格的因素

每一项旅行社产品都有一定的价值。制定旅行社产品的价格，首先要以价值为依据，还要综合考虑多种因素，比如定价目标、成本与利润、市场需求、竞争因素等。任何一个旅行社产品价格的制定都会受到以上多种因素的共同影响。同一件旅行社产品在不同的时期价格可能不同，有时差距还会很大，就是因为有很多因素在影响着旅行社产品的定价。

1.定价目标

对同一款产品而言，不同的定价目标会有不同的价格。常见的定价目标有：扩大市场占有率，"宁让利润不让市场"；取得最大利润；在市场低迷、经营困难时求生存；等等。不同的定价目标决定了不同的旅行社产品价格。

2.成本与利润

成本是旅行社产品价格的最低限度，旅行社产品的定价必须高于成本，否则旅行社的经营将很难维持。旅行社成本分为固定成本和非固定成本。任何一家旅行社都希望自己的产品成本最低，从而有更大的价格调整空间，获得的利润也越高。

3.市场需求

旅行社产品并不是生活必需品，需求弹性很大，因此旅游产品在定价时务必要充分考虑市场需求因素。一般来说，供给不变，需求上升就会推动价格上涨；需求下降，价格就会下降。比如，海南岛每年12月到次年2月是旅游旺季，旅游需求旺盛，旅行社产品供不应求，价格就会上涨；相反在旅游淡季时，旅游需求下滑，旅行社产品供过于求，价格就会下调。如图3-1所示。

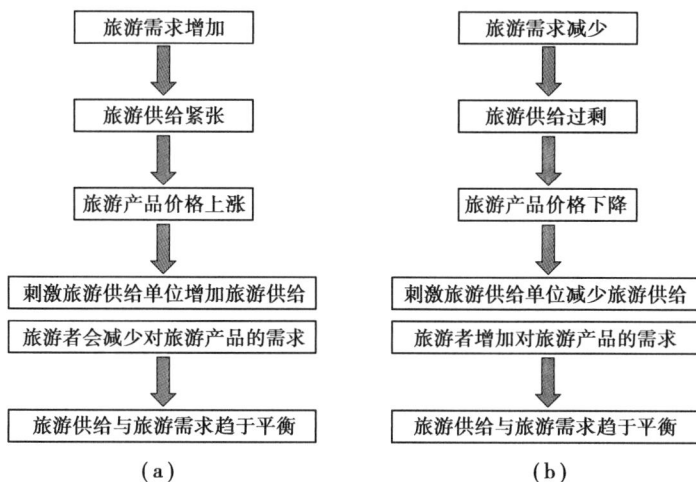

图3-1

4.竞争因素

在旅游业运营过程中，竞争的因素也会导致旅行社产品价格的调整，甚至竞争加剧到一定程度会导致"价格战"现象的出现。部分旅行社为了在竞争中立于不败之地，率先降价，游客看到降价的旅游产品，很有可能选择购买。其他的旅行社看到这个情况，纷纷效仿，甚至以更低的价格吸引游客。但是需要注意的是，《旅行社条例》第27条规定："旅行社不得以低于旅游成本的报价招徕旅游者"。正常的同业竞争是良性的，如果恶意降价，必然会扰乱市场的运营。

知识点3：旅行社产品的定价方法

1.成本导向定价法

任何企业的经营都以保证成本为前提。成本导向定价法是一种最简便易行的定价方法，也是旅行社行业比较常用的一种定价方法。它以产品的成本为中心，制定对企业最有利的价格。但这种方法也有缺点，因为这种方法依据的是卖方的意图，强调的是成本的补偿，而忽略了市场竞争和供求关系。因此，较为科学的做法是将这种定价方法作为一种基础定价方法以确定产品的初始价格，然后根据其他定价方法对价格进行调整。

2.需求导向定价法

需求导向定价法正被越来越多的旅行社所接受。它以旅游者对旅行社产品的需求强度为依据，来制定产品价格。这种定价方法将旅游者对产品价值的认知而不是将旅行社产品成本作为定价的基础。因为旅行社创立产品的目的还是销售，如果旅行社产品的价格不能被旅游者认可，产品的销售就难以实现，该产品就会出现"有价无市"的局面。因此，旅行社产品价格是否合理，最有发言权的还是旅游消费者。如果旅游产品普遍受到游客欢迎和好评，即使价格高一点也会有人购买；如果旅游产品不受欢迎，即使价格再低，购买者也很有限。需求导向定价法要求旅行社对产品的市场需求有准确的把握，因此旅行社在市场调查和研究方面需要提前做大量的工作。

3.竞争导向定价法

竞争导向定价法是指旅行社以市场上相互竞争的同类产品的价格为基本依据确定产品价格，并根据市场竞争状况的变化不断调整价格水平的定价方法。对于一些市场竞争十分激烈的旅游产品，这种定价方法强调的是竞争对手的价格，不太考虑产品的成本和市场需求。如果竞争对手的价格变了，即使成本未变，那么该旅行社的产品价格也会跟着改变；如果成本出现变化，但竞争对手价格未变，则该旅行社的产品价格也不变。竞争导向定价法包括随行就市定价法和主动定价法两种。随行就市定价法是指旅行社在制定产品价格时，跟随行业或本地区竞争者的价格来确定自己产品的价格。这种定价法如今被普遍采用。主动定价法适用于实力雄厚或者拥有独具特色的产品的旅行社，它不以竞争者的价格为依据，而是综合考虑本旅行社的优势率先定价，价格可能高于、低于或等于市场价格。

知识点4：旅行社产品的定价策略

1.新产品定价策略

在产品的不同生命周期当中，定价策略往往是不同的。对一件新产品来说，定价尤其具有挑战性。旅行社新产品投放市场时，常见的是两种对立的定价策略，即高价取脂策略和渗透定价策略。

2.心理定价策略

心理定价策略是指根据旅游消费者的消费心理因素来制定产品价格的策略。它看重的是游客对价格的心理作用，可以定得高些或低些，而不是简单的价格计算，以满足购买者心理上的需求。可以采取的心理定价策略有下述几种。

①尾数定价策略；

②整数定价策略；

③声望定价策略。

3.折扣定价策略

①数量折扣；

②季节性折扣；

③时间性折扣；

④现金折扣。

知识点5：旅行社产品的定价程序

1.收集产品信息

旅行社就产品供求情况和竞争状况等方面收集相关资料和信息，并进行分析、判断、处理，为后续的定价提供依据。

2. 选择定价目标

这是旅行社定价首先要确定的内容，旅行社应根据自己的经营状况和市场需求等信息，确定合适的定价目标。

3. 计算产品成本

根据前面的介绍，计算产品的固定成本和非固定成本。

4. 分析竞争状况

旅行社要充分掌握竞争对手产品的价格、质量、竞争力、产品特色等情况，作为定价的参考。

5. 确定市场需求

旅行社要对产品的需求做充分的调研，分析旅游者对产品和产品价格的接受度，作为定价的依据和参考。

6. 选定定价方法和策略

通过前几个步骤的准备，旅行社根据自己的产品情况，确定定价方法和策略。（参考知识点3和4）

7. 确定最终定价

价格制定后，旅行社还要考虑是否符合国家相关的政策与法规，同时结合对市场需求情况的掌握，对定价及时做出调整，以实现定价目标。

典型工作环节三　产品销售渠道

姓名：　　　　　班级：　　　　　日期：

✖ 典型工作描述

　　一件旅游产品从旅行社到消费者手中是通过一定渠道实现的，概括来说有直接和间接两种渠道。在现代的竞争环境中，营销渠道在营销组合战略中越发显得重要。企业只依靠自己的销售力量往往不够，因此间接销售渠道正越来越受到重视。

学习目标

　　1.掌握旅行社产品直接和间接销售渠道。
　　2.能运用产品销售渠道相关知识做案例分析以及为旅行社设计产品销售渠道。

任务书

　　运用产品销售渠道相关知识做案例分析、角色扮演以及为旅行社设计产品销售渠道。

👥 任务分组

学生任务分配表

班级		组号		指导教师	
组长		学号			
组员					
任务分工					

🖥 工作准备

1.阅读工作任务书，再次熟悉旅行社产品销售渠道内容。

2.查阅《旅游法》第60、69条对旅行社委托代理销售产品的规定。

3.掌握旅行社产品直接和间接销售渠道等相关知识。

🏢 工作实施

（1）旅行社产品直接销售

★ 引导问题1：旅行社产品的直接销售渠道之一：通过设立门市部等服务网点向顾客直接销售产品。全班分5个小组，每组分别调研本市2家旅行社，从选址、布局、装饰陈列、销售人员素质等方面分析每家旅行社的情况，填入下表。

旅行社名称	选址	布局	装饰陈列	销售人员素质	其他

小知识

旅行社在选址时，如果能做到面面俱到、集各种优势于一身当然是好事，但这并不现实，因为好的位置必然租金高昂，经营风险也会增加。

★ 引导问题2：旅行社产品的直接销售渠道之二：通过互联网、电话、传真、信件、微信、QQ等直接销售产品。

案例：

没有门市部的旅行社

世界上绝大多数的旅行社都是通过门市部直接销售旅游和度假产品，而今这一传统的销售方式仍被广大旅游者所接受并占主导地位。法国新边界旅行社的门市部遍布法国全境，通过门市部销售，其知名度和营业额一直名列各个旅行社之首，由此可见，门市部销售仍具有强大的生命力。然而，在20世纪90年代末的法国，紧紧追随新边界旅行社、知名度和营业额位居第二的是一家叫作德格利夫的旅行社。据调查，43%的巴黎人、50%的企业中高级管理人员、自由职业者，60%的互联网用户都知道这家旅行社。尽管有如此高的知名度，但是你会惊奇地发现，这是一家没有门市部的旅行社。那么，没有门市部的旅行社是如何销售产品的呢?德格利夫旅行社是法国第一家利用电子媒体开展业务的旅行社，它充分利用互联网的普及率建立了自己的旅游产品网页，使每个可能上网的旅行者都可以看到其产品。可以说，法国每一台上网的电脑都是它的销售门市，这一新颖的销售方式以其信息量大、快捷、直观、足不出户便可以直接了解产品等新特色，迅速为广大旅游者所接受，顾客在查询旅游信息时同时还过了上网的瘾。尽管德格利夫旅行社的工作人员仅有160人，但是他们的信息源却有上千个，分别被20多个销售人员管理着，这样就确保了他们每天都可以及时收到各种最新的信息，然后再以最快的速度发布到网页上，使每个可能进入他们网页的旅游者获得更新、更多的信息。他们的产品主任认为，提供最可靠、最新的信息是制胜的法宝。

请思考德格利夫旅行社的经营模式给了我们怎样的启示?

★ 引导问题3：作为旅行社门市部的销售人员，应该具备哪些素质来更好地为顾客服务？全班分为两组，一组扮演旅行社门市的销售人员，一组扮演顾客（不同身份），完成该项角色扮演任务。

分组	表演内容	准备工具
销售人员	向顾客推荐旅游产品,促使其购买	旅游产品宣传资料 电脑 纸笔等
顾客(老年人、年轻人、学生、商人、教师、蜜月夫妻等)	接受销售人员的服务	符合顾客身份的各种配饰

小知识

门市部是旅行社销售的窗口,销售人员的素质直接影响旅游产品的销售。一个具有良好素质的销售人员会给旅游者建立起对旅行社的良好的第一印象,因此销售人员的选择也是旅行社直接销售策略中很重要的内容。

★ 引导问题4:如果你是旅行社门市部销售人员的话,你会如何与顾客搭话?

讨论:工作人员直截了当地说"请允许我来为您介绍一下"和 "需要我为您介绍一下吗"哪一句更容易展开与顾客的对话?

小知识

旅行社门市部工作人员应主动寻找搭话机会,这样可大大增加交易成功的可能性,同时可展示自己的热情服务,避免顾客有被冷落的感觉。另一方面,也要把握热情的尺度,过度热情有时也会给顾客带来反感。

★ 引导问题5:根据旅行社门市部的相关知识,包括门市的选址、布局、装饰陈列、销售人员的选择等,在本市开设一家旅行社并拟名,画出该旅行社的草图,必要的地方做出文字说明。

小知识

　　旅行社选址，其重要性不言而喻。就国内几个大的出游城市上海、广州、北京而言，上海的旅行社做得最好，广州也不错，北京还有一段差距。上海许多旅行社的门市设在繁华的西藏路，标志显著，对游人的吸引力很强。广州在闹市区及大商场内，也能见许多旅行社门面，常见游客驻足。北京在近几年，几家实力强大的旅行社，也纷纷抢占好位置，在商业街区设起了门面。行动虽迟了些，但终究有了行动。

★ 引导问题6：旅行社间接销售产品需要通过中间商这一媒介。
讨论：某旅行社刚刚进入某一市场，应选择哪一种间接销售策略更适当？

小知识

《旅游法》第60条规定：旅行社委托其他旅行社代理销售包价旅游产品并与旅游者订立包价旅游合同的，应当在包价旅游合同中载明委托社和代理社的基本信息。旅行社依照本法规定将包价旅游合同中的接待业务委托给地接社履行的，应当在包价旅游合同中载明地接社的基本信息。

《旅游法》第69条规定：经旅游者同意，旅行社将包价旅游合同中的接待业务委托给其他具有相应资质的地接社履行的，应当与地接社订立书面委托合同，约定双方的权利和义务，向地接社提供与旅游者订立的包价旅游合同的副本，并向地接社支付不低于接待和服务成本的费用。地接社应当按照包价旅游合同和委托合同提供服务。

★ 引导问题7：某中间商服务质量不高，信用不佳，经常拖欠应付的费用，面对这些情况，应该如何处理？

案例：

旅行社对拖欠款的管理

旅行社之间相互欠款已经成为中国旅行社行业的老大难问题。在目前的买方市场条件下，目的地的旅行社无法采用"先付款，后接待"的经营方式，也不能一概拒绝旅游中间商的延期付款要求。然而，信用条件过宽虽然能使旅行社获得较多的客源，但是却会导致更大的坏账风险。一旦对方赖账或破产，就会使被拖欠的旅行社蒙受重大的经济损失。以往，我国的不少旅行社都吃过这种苦头。中国康辉旅行社股份有限公司采取了下列措施，以加强对拖欠款的回收和尽量减少拖欠款：

①总经理亲自过问客户的挂账和催讨事宜，要求各营业部门每月向总经理报告一次，检查他们催讨欠款的工作效果。

②将催讨欠款同各营业部门的经济利益挂钩。凡在经营中获得利润但是未能将欠款收回的部门，根据欠款金额的比例缓发该部门应获得的奖金，以后视其收回欠款的数额按比例补发。

③制定切实可行的信用制度和标准。对于那些信誉好、付款及时、经济实力雄厚、送客量大且与本旅行社长期保持合作的旅游中间商，最多允许其在旅游者旅行结束后3个月内付款；对于那些信誉较差、送客量少、付款不及时或初次合作的旅游中间商，则不允许挂账，必须支付现金。

④由于将拖欠款的回收效果同相关部门的经济利益直接挂钩，因此各部门开始重视对拖欠款的催讨和回收，并取得了显著的成效。目前，该旅行社的不良债权已经大幅度下降，旅行社的合法经济利益得到了有力的维护。

请运用所学知识对该案例进行分析。

小知识

在不得不提供商业信用的情况下，为降低风险，旅行社必须制定和执行正确的信用政策。针对不同客户规定相应的商业信用标准至关重要。对应收账款的管理需十分严格和重视，规定出收取的程序，严格执行。对应收账款的管理应合整个旅行社之力，各部门都需积极配合，维护旅行社的经济利益。

评价反馈

（1）学生自我评价

学生自评表

班级：	姓名：	学号：	
评价项目	评价标准	分值	得分
旅行社门市的选址布局	画图准确，文字说明得当	10	
旅行社门市销售人员的选择	角色表演准确得当	10	
门市直销工作流程	运用原理准确分析案例	10	
互联网直销	运用原理准确分析案例	10	
旅游中间商的理解	运用原理准确分析案例	10	
旅行社门市调研	工作细致，结论得当	20	
工作态度	态度端正，无缺勤、迟到、早退现象	6	
工作质量	能按计划完成工作任务	6	
协调能力	与小组成员、同学之间能合作交流，协调工作	6	
职业素质	能做到细心、严谨	6	
创新意识	案例分析过程中有独到见解	6	
合计		100	

（2）学生互评

学生互评表

评价项目	分值	等级							评价对象（组别）					
									1	2	3	4	5	6
计划合理	10	优	10	良	9	中	7	差	6					
团队合作	10	优	10	良	9	中	7	差	6					
组织有序	10	优	10	良	9	中	7	差	6					
工作质量	20	优	20	良	18	中	14	差	12					
工作效率	10	优	10	良	9	中	7	差	6					
工作完整	10	优	10	良	9	中	7	差	6					
工作规范	10	优	10	良	9	中	7	差	6					
成果展示	20	优	20	良	18	中	14	差	12					
合计	100													

（3）教师评价

教师评价表

班级：		姓名：		学号：	
项目三　旅行社产品营销		典型工作环节三　产品销售渠道			
评价项目		评价标准	分值	得分	
考勤（10%）		无迟到、早退、旷课现象	10		
工作过程（60%）	旅行社门市的选址布局	画图准确，文字说明得当	6		
	旅行社门市销售人员的选择	角色表演准确得当	6		
	门市直销工作流程	运用原理准确分析案例	6		
	互联网直销	运用原理准确分析案例	6		
	旅游中间商的理解	运用原理准确分析案例	6		
	旅行社门市调研	工作细致结论得当	12		
	工作态度	态度端正，工作认真、主动	6		
	协调能力	能按计划完成工作任务	6		
	职业素质	与小组成员、同学之间能合作交流，协调工作	6		
项目成果（30%）	工作完整	能按时完成任务	10		
	工作规范	能按原理完成计算和案例分析	10		
	成果展示	能准确表达、汇报工作成果	10		
合计			100		
综合评价		学生自评（20%）	小组互评（30%）	教师评价（50%）	综合得分

⌂ 拓展思考题

如何认识和评价《印象丽江》这一旅游产品的销售渠道?

《印象丽江》在市场营销过程中,渠道模式是"有选择的分销"。所谓"有选择的",是指景区并不针对所有旅行社实行分销,而是抓住旅游分销链上的某些关键环节,跟少数旅游代理商合作,逐步建立多层次的分销渠道。景区之所以这样做,是为了改变旅游市场的游戏规则,加强对客源市场的营销控制力。玉龙雪山景区的这种做法,并不是为了建立垂直分销的渠道体系,而是抓住旅游分销链上的关键环节,加强对客源市场的营销控制。限于国内旅游市场的发展水平,景区目前还不具备建立垂直分销渠道系统的企业能力和市场条件。事实上,玉龙雪山景区也没有放弃水平分销的传统模式,但对原有的渠道模式做了修正,收窄了分销渠道的水平宽度,减少了代理商数量和分销层次,并通过直接促销客源地市场,开展与大型组团社和地接社的战略合作,加强了景区对旅游分销链的营销控制,进而延伸了渠道分销的纵向深度,使之具有了垂直分销的某些形态特征。

🏛 相关知识点

知识点1: 旅行社产品销售渠道

旅行社产品的销售渠道是指旅游产品的生产者将产品提供给最终消费者的途径。这个途径或长或短,或宽或窄,最终目的是促成交易双方利益的达成。在买方市场环境下,"渠道"是旅行社在竞争中取胜的重要一环。旅行社产品的销售渠道可以分为直接销售渠道和间接销售渠道。

知识点2: 旅行社产品的直接销售渠道

直接销售渠道是旅行社直接将产品销售给最终消费者,没有中间环节。中国经济发达地区的国内旅行社往往采取直接销售渠道策略。旅行社产品的直接销售主要有3种途径:一是通过设立门市部等服务网点向顾客直接销售产品;二是通过互联网、电话、传真、邮件、移动互联网等直接销售产品;三是旅行社直接上门销售。如图3-2所示。

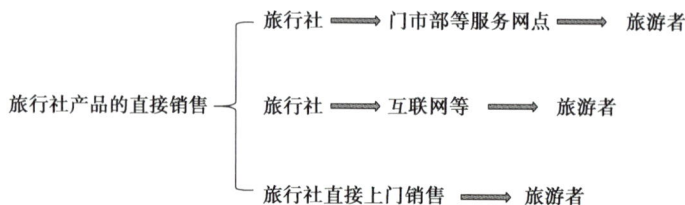

图3-2 旅行社产品的直接销售渠道

知识点3：旅行社门市部的选址和布局

对一个接待企业来说，做好销售的一个重要方面是门市部的选址。门市部位置的好坏直接关系到旅行社业务量的大小，甚至关系到旅行社的生存。门市部的选址主要应注意以下几个方面：靠近旅行社所定位的目标市场，顾客能方便地进出；容易被顾客看到。不同的旅行社可以根据自身的特点，做出符合自己需要的选择。

门市部在布局上一般可分为3个区域：门市入口及等候区、接待与咨询服务区、后勤工作区。

知识点4：门市部销售人员的选择

销售人员的选择也是旅行社销售策略中很重要的内容。门市部是旅行社销售的窗口，销售人员的素质直接影响旅游产品的销售。因此，门市部在选择销售人员时，除了应具备通用的职业素质外，还要具备下列素质：

①精通旅游产品知识。
②理解顾客的需求。
③有良好的语言交际能力。
④有较高的文字水平。

知识点5：旅行社产品的间接销售渠道

在旅游市场不断发展的情况下，大多数旅行社往往不会只采用直接销售的销售渠道，为了获得更多的客源，会经过数量不一的旅游中间商，把旅游产品最终供应给旅游消费者。换句话说，间接销售渠道是指在旅行社和消费者中间介入了中间环节。

知识点6：中间商的类型

①按业务方式分为：旅游批发商、旅游零售商。
②按经营性质分为：旅游经销商、旅游代理商。

旅游经销商是指在转售旅游产品过程中拥有产品所有权的中间商，其利润来自旅行社产品的成本加价，存在销售风险；旅游代理商是指只接受旅游产品生产者或供应者委托，不拥有产品所有权，在一定区域里代理销售其产品的旅游中间商。其收入来自被代理企业所支付的佣金，同时没有销售风险。旅游批发商多为经销商，独立自营的旅游零售商多为代理商。

知识点7：旅行社产品销售渠道的策略

1.销售渠道长度策略

销售渠道长度策略是指旅游产品从生产者向消费者转移过程中经过的中间层次的

多少。中间层次越多，销售渠道越长；中间层次越少，销售渠道越短；如果没有中间环节，则是最短的销售渠道。一般来说，渠道的长短决定了产品价格的不同，短销售渠道的产品价格相对比较低廉，因此优于长销售渠道。

2.销售渠道宽度策略

销售渠道的宽度一般指销售某旅行社产品的零售网点的数目和分布广度。零售网点既包括自设网点，也包括代销网点。另外也常指销售过程中中间商的数量。直接经销或者代销旅行社产品的中间商越多，销售渠道越宽，反之亦然。

知识点8：销售渠道宽度的选择策略

旅行社间接销售产品需要通过中间商这一媒介。在经营过程中，主要是因为旅行社对中间商的选择策略存在差异，形成了旅行社不同的间接销售策略。

1.广泛性销售策略

这一策略指的是旅行社广泛委托各旅游批发商、零售商，以最大限度地销售产品、招徕客源。这样做的优点是方便旅游者购买，便于旅行社与旅游者取得联系，便于发现理想的中间商。缺点是成本较高，提高了销售管理的难度。

2.选择性销售策略

这一策略指的是旅行社只与少数几家中间商发展稳定的合作关系。这些中间商一般都是经过旅行社精心挑选的，既适合自己的产品销售特点，又有较好的信誉和较强的推销能力。这一策略的优点是可以降低销售成本，集中选择少数有销售能力的中间商进行产品推销。缺点是如果中间商选择失误，可能会影响旅行社产品的销售。

3.专营性销售策略

这一策略是指旅行社在某一市场只选取一家中间商作为自己的合作伙伴。一般情况下，这一中间商不能同时代销其他竞争对手的产品。专营性销售策略的优点是可以调动中间商的积极性，更好地推销旅行社产品，同时也能降低运营成本；缺点是如果中间商出现任何失误，都有可能导致部分市场的丢失。

每一种间接销售策略都各有其优点和缺点，旅行社应根据自身情况和市场的情况做出选择。

知识点9：旅游中间商的选择

旅游中间商类别多样，而且在营销能力和信誉程度上不尽相同，因此旅行社无论选择哪一种间接销售渠道策略，都必须首先做好旅游中间商的选择，这一工作的好坏直接关系到间接销售的成败，对旅行社而言具有重要的意义。这里说的旅游中间商，不单指帮助旅行社销售产品的企业，还包括帮助旅行社完成接待任务的企业，如地接旅行社，还包括专业旅游营销网站。

概括来说，中间商的选择主要有以下几点原则：

①经济的原则。追求经济效益是旅行社营销的根本目的，因此旅行社要首先考虑的是经济的原则。通过预先对中间商综合情况的了解，判断选择中间商可能带来的经济效益的增长同实施这一选择所需要付出的成本做比较，从而评判对该中间商的选择是否合理。

②控制的原则。旅行社选择中间商不仅要考虑经济效益，还要考虑能否对其进行长期有效的控制。因为稳定的旅游中间商对旅游企业维持市场份额，实现长远目标起着非常重要的作用。因此旅行社对已选定的中间商可以采取高销量、高佣金的方法提高中间商的积极性，同时对旅行社依赖性大的中间商，其努力成果也会更高。

③适应的原则。旅游中间商的目标市场必须与旅游产品生产者的目标市场一致，其营业地点应在旅游产品生产者目标市场人群相对集中的地区，另外，旅行社还要考虑中间商的综合能力、销售业绩以及销售经验等，优先考虑选择经营规模较大的旅游中间商。

知识点10：旅游中间商的管理

①建立中间商档案。

②及时沟通信息，加强合作。

③实行优惠和奖励，互惠互利。

④做好对中间商的评价。

⑤视情况调整中间商队伍。

典型工作环节四　产品市场促销

姓名：　　　　班级：　　　　日期：

🔧 典型工作描述

旅行社产品的市场促销指的是旅行社用特定的推销方式和方法将旅行社产品的信息及时传递给旅游者，以激起旅游者的购买欲望，实现旅行社产品从生产者到消费者的转移。

📊 学习目标

1.掌握旅行社产品的市场促销策略；

2.能运用旅行社产品的市场促销策略做案例分析以及为旅行社确定产品促销方案。

📖 任务书

"新首钢高端产业综合服务区"（简称"首钢园区"），西临永定河，背倚石景山，是北京城六区唯一集中连片待开发的区域，是长安金轴的西部起点，西山永定河文化带的重要组成部分，也是新版北京城市总体规划重要的区域功能节点。在地理区位、空间资源、历史文化、生态环境上，首钢园区具有独特优势，是落实首都功能定位的重要支撑。

首钢园区交通发达，十分便捷。长安街西延长线将园区分为南北两区，通过阜石路、莲石路贯通五、六环路与北京城市快速路体系相连。2019年9月29日，新首钢大桥开通。地铁S1线从首钢园区穿过。地铁11号线西段（冬奥支线）已经开通，其中，新首钢站、北辛安站位于首钢园区内，还将通过规划中的R1线、M3线与北京中心城区紧密联系。

首钢园区已被纳入国家首批城区老工业区改造试点、国家服务业综合改革试点区、国家可持续发展实验区、中关村国家自主创新示范区、国家级智慧城市试点、北京市绿色生态示范区，是国内首个C40正气候样板区。2016年，北京2022年冬奥组委入驻首钢园区西十筒仓办公，成为落地首钢园区的第一个客户。2021年，中国国际服务贸易交易会在国家会议中心和首钢园区举办，首钢园区首次成为举办地之一。

阅读首钢工业园区背景资料，运用产品的市场促销策略分组为首钢工业园区做产品促销方案。

👥 任务分组

学生任务分配表

班级		组号		指导教师	
组长		学号			
组员					

任务分工

💻 工作准备

1.阅读工作任务书，再次熟悉旅行社产品市场促销的步骤和方式。

2.查阅《广告法》对广告产品促销的规定。

工作实施

（1）确定目标人群

✦ 引导问题1：首钢工业园区作为旅行社产品，它的目标人群都有哪些人？填入下表。

旅行社产品名称	目标人群	人群特征
首钢工业园区		

小知识

目标人群是挑选出来的接受旅游产品信息的受众，它影响着产品促销的内容，因此，确定目标人群是促销的前提。换句话说，在促销实施前要明确对哪些人群进行促销。目标人群可以是老顾客，也可以是潜在的顾客；可以是购买行为的决定者，也可以是这一行为的影响者；可以是单一的群体，也可以是多个群体。

（2）确定目标人群对促销的反应

✦ 引导问题2：目标人群对首钢工业园区这一产品促销的反应是什么？填入下表。

旅行社产品名称	目标人群	人群对促销的反应
首钢工业园区		

小知识

确定目标人群后，营销人员接着要确定目标人群对促销活动有什么样的反应。一般来说，在促销活动后，顾客对产品的反应不外乎6种:认识、熟悉、喜爱、偏好、确定和购买。

（3）设计确定有效信息

★ 引导问题3：对于首钢工业园区这一旅行社产品给出不同反应的客人，我们应该给他们提供什么样的有效信息？

旅行社产品名称	目标人群	人群对促销的反应	有效信息
首钢工业园区			

小知识

在明确了希望顾客做出的反应之后，营销人员就要开始确定有效信息。这些信息的内容包括旅行社产品的价格、特点和线路安排等，针对不同的人群，信息内容的选取应该有不同侧重。信息或能使顾客注意到旅行社的产品，或能引发顾客的兴趣，或能直接促使顾客下决心购买产品。需要注意信息的专业性和准确性。

（4）制订促销预算

★ 引导问题4：对于首钢工业园区这一旅行社产品，应该如何合理制订促销预算？

小知识

促销预算是企业计划在促销活动中投入的费用。促销预算有很多种方法，但是准确恰当的预算是很难实现的。企业投入多了，会增加企业的负担，甚至得不偿失；投入少了又起不到促销的效果。无论用哪种方法，都要考虑企业的综合实力和市场情况。常用的促销预算方法有以下几种：

①销售额百分比法。它是指旅行社根据一定时期内的销售额的一定比例来确定促销预算。公式为：促销预算=销售额×促销费用占销售额的比例。

②利润百分比法。它是指旅行社根据一定时期内的利润额的一定比例来确定促销预算。公式为：促销预算=利润额×促销费用占销售额的比例。

③竞争均势法。它是指旅行社通过观察其他竞争对手的促销情况来确定本旅行社的促销预算。

④目标达成法。它是指旅行社根据自己的销售目标来估算为实现这一目标需要的促销预算费用。

旅行社实际运营过程中，往往会综合使用以上4种促销预算的方法。

（5）选择促销方式组合

★ 引导问题5：对于不同的目标人群，我们用什么方式对他们进行合理有效的促销？

旅行社产品名称	目标人群	人群对促销的反应	有效信息	促销方式
首钢工业园区				

小知识

确定了促销的内容后，旅行社就要考虑通过什么方式促销最有效。旅行社可选择的促销方式很多，如广告、旅游公共关系营销、人员推销、电话营销、邮寄资料、互联网营销、销售推广、现场直播等。旅行社应根据自身的特点和目标人群的特点选择不同的促销方式。

（6）收集反馈信息

★ 引导问题6：促销信息发出后，我们的促销工作是否结束呢?没有，我们还要收集顾客的反馈信息。

旅行社产品名称	目标人群	人群对促销的反应	有效信息	促销方式	反馈信息
首钢工业园区					

小知识

促销信息发出后，促销工作并没有结束，营销人员还要收集反馈信息，了解促销的实际效果，为下一次选择促销方案提供参考依据。具体内容包括目标人群浏览信息的频率、是否记住了信息、对信息的评价、对产品的看法、有多少人购买了产品、有多少人留下了个人联系方式等。

★ 引导问题7：各小组制作PPT，并派出一名代表展示汇报首钢工业园区这一旅行社产品的促销方案，生生互评，教师点评。

（7）促销方式

★ 引导问题8：前面讲到促销的方式有很多种，下面这些案例分别使用了哪种促销方式?

案例1：

荷兰"海平面下的艺术之光"

为更好地推广荷兰深度游产品，继成功推广"探访世界上最美丽的春天"及"海平面下的骑行"大型主题活动后，荷兰旅游局结合凯撒国际旅行社"缤纷荷兰6日体验之旅"产品，与荷兰5家著名旅游机构一起合作推出"海平面下的艺术之光"网络游戏推广活动，目的在于巩固并提高荷兰业者在中国市场中的知名度，促进更多本地业者参与荷兰旅游推广活动，同时吸引更多中国旅游者选择荷兰作为他们的旅游目的地。

第一，"海平面下的艺术之光"通过网络游戏的形式将荷兰特色展示给参与游戏的消费者，游戏简单、有趣、轻松，内容活泼、丰富。所有参与者都有机会获得丰富的奖品，数量多多，周周惊喜不断。另外，荷兰旅游局还将在活动最后通过抽奖的方式产生"荷兰双人游大奖"，中奖者可以前往荷兰，领略这座海平面下国度的艺术魅力。网络营销要趣味化，而游戏恰恰是娱乐化程度最大的。旅游美景与游戏融合自然让网民流连忘返。

第二，将艺术作为主线贯穿整个行程是产品的一大亮点，参观阿姆斯特丹国立博物馆和梵高美术馆作为重点，穿插乌特勒支音乐盒博物馆以增加产品的多样性及参观情趣，使消费者在花费较少费用的条件下，尽可能地享受更多精彩。此产品极具竞争力的市场价格，以及独特鲜明的旅游亮点，自投放市场以来，已经受到许多消费者和业者们的高度关注。

案例2：

长隆——狂奔的度假区

奔跑吧，兄弟！奔跑吧，长隆！如果说谁是在综艺节目里最会奔跑的度假区，那一定非长隆莫属了！从《全员加速中》到《爸爸回来了》，从《奔跑吧，兄弟》到《中国好声音》，最火爆的综艺节目在哪儿，长隆就紧跟在哪儿。这强大的奔跑力，简直堪比小宇宙爆发了！不仅如此，网红火了，长隆又一次精准地赶上了直播的大潮，开创"综艺+直播"的新模式！综艺直播真人秀，让你娱乐的同时也眼馋！想坐明星们坐过的过山车吗？想看与主播亲密接触过的海豚吗？想感受惊险刺激的欢乐世界吗？那还犹豫什么？你想要的，长隆统统都给你！

案例3：

在直播平台上玩火的三峡人家

"朝辞白帝彩云间，千里江陵一日还。两岸猿声啼不住，轻舟已过万重山。"历经千年，诗人李白笔下的峡江美景也在颠覆传统。最近三峡人家景区的宣传推广方式也是让人目瞪口呆了一回。借助腾讯播客直播"上刀山，下火海"等特技表演，并用自媒体发布现场图文内容，同时还联合了斗鱼直播平台进行"网红传播"，并利用网络软文进行传播，因此三峡人家获得了许多围观群众的关注。时代变迁，斗转星移，即便是古老严肃的景区也需要破旧迎新，改变一下古老而传统的传播方式，毕竟这是一个不追随潮流脚步就会被淘汰的大环境。这次三峡人家也算是越来越先进了，利用社交传播方式来进行宣传推广，通过粉丝分享传播，获取有效的口碑宣传。

案例4：

上海迪士尼度假区——每个小孩子心中的童话梦

相信迪士尼这个词在我们心中并不陌生，尤其是在小朋友的心里，它更是一个梦想级的存在。迪士尼出品的每一部动画都堪称经典，从早年设计的米老鼠、唐老鸭到现在的冰雪公主等卡通形象，一直为大众所熟知且仍然处于流行当中。因此，迪士尼在业内成了不可超越的神话！上海迪士尼度假区投放了一则口号为"点亮心中奇梦，开启你的秋日童话"的宣传视频。在视频中可以看到由工作人员扮演的各个时期经典的迪士尼卡通人物和动画里曾出现过的奇幻城堡等卡通元素，还能够和迪士尼公主们进行互动。广告片通过视频呈现给人们一个现实版的童话世界，让迪士尼游乐园成为人们与童话世界近距离接触的桥梁，满足童年时期自己想要置身童话世界的美好愿望，借此勾起了人们对童话王国的憧憬来进行宣传。

● 评价反馈

（1）学生自我评价

学生自评表

班级：　　　　　　　　姓名：　　　　　　　　学号：

评价项目	评价标准	分值	得分
首钢工业园区市场促销方案	步骤完整 方案合理 展示得当	40	
促销方式的判断	运用原理准确分析案例1	6	
促销方式的判断	运用原理准确分析案例2	6	
促销方式的判断	运用原理准确分析案例3	6	
促销方式的判断	运用原理准确分析案例4	6	
促销方式的判断	运用原理准确分析案例5	6	
工作态度	态度端正，无缺勤、迟到、早退现象	6	
工作质量	能按计划完成工作任务	6	
协调能力	与小组成员、同学之间能合作交流，协调工作	6	
职业素质	能做到细心、严谨	6	
创新意识	案例分析过程中有独到见解	6	
合计		100	

（2）学生互评

学生互评表

评价项目	分值	等级							评价对象（组别）					
									1	2	3	4	5	6
计划合理	10	优	10	良	9	中	7	差	6					
团队合作	10	优	10	良	9	中	7	差	6					
组织有序	10	优	10	良	9	中	7	差	6					
工作质量	20	优	20	良	18	中	14	差	12					
工作效率	10	优	10	良	9	中	7	差	6					
工作完整	10	优	10	良	9	中	7	差	6					
工作规范	10	优	10	良	9	中	7	差	6					
成果展示	20	优	20	良	18	中	14	差	12					
合计	100													

（3）教师评价

教师评价表

班级：			姓名：		学号：	
项目三　旅行社产品营销			典型工作环节四　产品市场促销			
评价项目			评价标准	分值		得分
考勤（10%）			无迟到、早退、旷课现象	10		
工作过程（60%）	首钢工业园区市场促销方案		步骤完整 方案合理 展示得当	6		
	促销方式的判断		运用原理准确分析案例1	6		
	促销方式的判断		运用原理准确分析案例2	6		
	促销方式的判断		运用原理准确分析案例3	6		
	促销方式的判断		运用原理准确分析案例4	6		
	促销方式的判断		运用原理准确分析案例5	12		
	工作态度		态度端正，工作认真、主动	6		
	协调能力		能按计划完成工作任务	6		
	职业素质		与小组成员、同学之间能合作交流，协调工作	6		
项目成果（30%）	工作完整		能按时完成任务	10		
	工作规范		能按原理完成计算和案例分析	10		
	成果展示		能准确表达、汇报工作成果	10		
合计				100		
综合评价		学生自评（20%）	小组互评（30%）	教师评价（50%）	综合得分	

🏠 拓展思考题

1999年"张家界世界特技飞行大奖赛"正式开幕，飞机成功飞跃天门洞，不仅创造了人类历史的奇迹，张家界更是因此"一飞惊人"，由一颗"养在深闺人未识"的风景明珠，迅速成为人气飙升的热门景区。一时间，国内外游客慕名而至，张家界游客接待量连续几年保持50%以上增速，旅游收入由12.6亿元飙升至33亿元。

2003年、2005年，在凤凰古城举行的"棋行大地"世界围棋巅峰对决，同样是创新性事件营销的经典之作。在南方古长城脚下，红石砂岩铺就的世界上最大棋盘上，世界围棋界两大绝顶高手，以武童作棋子对弈，一时轰动海内外，刷新了世界围棋转播赛的收视纪录。凤凰古城借赛事隆重亮相，又一次抓住了无数游客的眼球。一时间，游客蜂拥而至，凤凰县年旅游综合收入迅速超过10亿元，成为全国首批17个"中国旅游强县"之一。

在事件营销上尝到甜头的张家界在2009年底再次出击，借势电影《阿凡达》将"乾坤柱"更名为"哈利路亚山"，尽管这一事件迅速招来了媒体和公众的口诛笔伐，然而对张家界的关注度也因此飙升。国内各大主流媒体关于更名事件的报道层出不穷，甚至中央电视台主持人亲自对话更名事件的核心人物，播出时间超过1个小时。张家界更是借助这一事件正式挺进欧美市场。

张家界促销成功的原因是什么？

🔖 相关知识点

知识点1：市场促销的运作流程

①确定目标人群。

②确定目标人群对促销的反应。

③设计确定有效信息。

④制订促销预算。

⑤选择促销方式组合。

⑥收集反馈信息。

知识点2：市场促销方式

1.媒体广告促销

媒体广告促销是指广告主以付费的方式通过媒体向公众传达产品的有关信息，以激起消费者的注意和兴趣，促进商品的销售的一种促销手段。在当今信息高度发达的社会，媒体广告处处可见，其类型包括电视广告、报纸杂志广告、广播广告、互联网广告、车体广告等，消费者很难不受广告的影响。因此，尽管各种媒体广告类型各有优缺点，但广告促销也是旅行社产品促销的一个极其重要的手段。

2.直接营销

直接营销是一种直接面对潜在的购买者的营销方式。这里的潜在购买者既包括潜在的旅游消费者，也包括旅游中间商。其主要形式有人员推销、直接邮寄、电话营销等。这种营销方式的好处是多数情况下可以直接感受销售对象的反应，收集顾客的反馈信息，从而改进促销策略，强化购买动机，促成交易；容易培养与顾客的感情，建立一种良好的关系。但同时也有传播面小，效率低的缺点。

3.销售推广

销售推广也称销售促进，指的是旅行社为迅速刺激对特定产品的需求和消费而采取的短期激励的促销方式，如馈赠、奖励、折扣、考察等。销售推广的对象主要有3类，即旅游消费者、旅游中间商和推销人员。这种促销方式往往比广告促销和直接营销更能促进销售的增长。

4.旅游公共关系营销

公共关系的作用是沟通信息、协调关系、扫除障碍、谋求合作。旅行社建立良好的社会公共关系有助于旅行社树立、维护、改善企业和产品的形象，营造有利于企业发展的经营环境，同时也有助于增进社会公众对旅行社产品的认识、理解与支持，提高销售量。因此，营造良好的社会公共关系也是旅行社促销活动的一个重要组成部分。

旅行社营销公关的一切活动都是以具体的产品品牌为中心进行的，它要面对的公共关系是多层次的、全面的。比如，可以通过定期向新闻界提供稿件、邀请记者进行全程报道、召开记者招待会等形式主动吸引新闻界的注意，使旅行社和旅行社产品成为新闻界争相报道的对象；可以借助品牌形象召开同业经验交流会与研讨会、参与和赞助社会活动、资助社会公益事业等方式融洽与相关企业、社区、公众的关系，提升旅行社的影响力，增加潜在的消费群体。

5.现场传播

现场传播是指旅行社通过营造良好的营业环境达到旅游产品促销的目的。如旅行社可以通过营业场所的装饰、布局、宣传品的陈列等构成良好的服务氛围，进而向旅游者传递企业和产品信息，增强旅游者购买产品的信心，促成旅行社产品购买的达成。

知识点3：旅行社的营销组合

市场营销组合这一概念是1964年由美国哈佛大学鲍敦教授首先提出的。同年，美国市场学教授麦卡锡将营销过程中的各个因素归纳为产品（Product）、价格（Price）、渠道（Place）和促销（Promotion）的"4P"理论。

旅行社的营销组合也完全符合营销学的"4P"理论。它是指旅行社为达到目标市场的销售目标而采用的营销变量组合，也是由上面提到的4个营销因素组成的。营销组合是旅行社营销管理的核心，是各种市场营销手段的综合运用。

本项目的前4个典型工作环节就是以"4P"理论为基础，结合旅行社产品的设计开发、价格、销售渠道和促销4个营销步骤进行阐述的。不难看出，旅行社的营销组合具有可控性、整体性、动态性等特点。

典型工作环节五　产品售后服务

姓名：　　　　　班级：　　　　　日期：

✕ 典型工作描述

旅游者结束旅游后，服务并没有结束，旅行社应主动与旅游者保持联系，提供产品售后服务，以树立旅行社良好的形象，增加市场机会。

学习目标

1.掌握旅行社产品售后服务的几种方式；

2.能运用旅行社产品售后服务的几种方式做案例分析以及为旅行社解决售后服务问题。

任务书

运用旅行社产品售后服务相关知识做案例分析、角色扮演以及为旅行社解决售后服务问题。

👥 任务分组

学生任务分配表

班级		组号		指导教师	
组长		学号			
组员					
任务分工					

工作准备

1.阅读工作任务书，再次熟悉旅行社产品售后服务的几种方式。

2.查阅《旅游投诉处理办法》对旅游投诉的规定。

工作实施

（1）社会调查

★ 引导问题1：调查本地1~2家旅行社，了解顾客不再光顾原旅行社的原因都有哪些，以及各种原因所占百分比。

不再光顾旅行社的原因	占比

小知识

据美国《旅游代理人》杂志统计，不再光顾原旅行社的顾客中，有 2/3 以上是由于旅行社不重视售后服务和不积极争取回头客等原因造成的。因此，旅行社一定要重视售后服务，只有这样做旅行社才更容易受到顾客的欢迎，从而在激烈的市场竞争中处于有利地位。

（2）旅行社产品售后服务的几种方式

★ 引导问题2：美国快乐界旅游公司的案例运用了什么售后服务方式？

案例：美国快乐界旅游公司有会员制度，第三次选择快乐界旅游公司出游的客人即可成为快乐界旅游公司的核心集团成员（简称 ICMember）。ICMember 是快乐界旅游公司重点服务的对象。除了常规的售后服务手段，ICMember 的客户档案会更加具体，每年的生日、圣诞节、感恩节等节日，ICMember 的客户都会收到公司寄来的纪念品，如旅行包、雨衣、手杖、帽子等，还有免费旅游的机会，从而与顾客建立其亲密的情感联系。

运用售后服务相关知识分析该案例。

★引导问题3：美国快乐界旅游公司的案例还运用了什么售后服务方式？

案例：每一位参加快乐界旅游公司旅游的客人，在结束旅游活动回家之后必定会收到快乐界旅游公司寄来的对整个旅程进行服务质量评判的表格。所有快乐界旅游公司客人的服务质量反馈表都会回收至快乐界旅游公司精密的质量评价计算机管理系统。在快乐界旅游公司美国波士顿总部，有100多名员工为其质量监督体系工作。当发现游客对旅程有不满意之处时，他们会与游客及时取得联系，安抚客人，采取一系列积极的补救措施，努力消除客人的不满情绪。

请运用售后服务相关知识分析该案例。

小知识

　　注重售后服务的反馈追踪监督对旅行社售后服务工作至关重要。旅游者满意度高，今后继续购买和消费的意愿就强烈，相反如果旅游者不满意，很有可能下次就转向其他旅行社购买产品，这也是旅行社最不愿意看到的结果。因此反馈追踪监督是旅行社发展的必然要求。

★ 引导问题4：美国快乐界旅游公司的案例还运用了什么售后服务方式？

　　案例：快乐界旅游公司为每一位客人设立了完整的客户档案，包括旅游者的基本信息、曾经出游的目的地、兴趣爱好、对游览活动的特殊需求等。每个月和一些特定的假期，公司会根据客人的兴趣和可能的需求给曾经参加过快乐界旅游公司旅游的客人寄发世界各国或地区精美的旅游宣传册。客人生日时，会收到快乐界旅游公司发来的生日贺卡，让客人感到被重视和尊重，觉得旅行社和他很亲近。每隔一段时间，快乐界旅游公司还会分区域举办开放日活动，与客人直接接触。公司所采取的一系列售后服务联络手段让客人感受到快乐界旅游公司无处不在。只要去旅游，就一定会选择快乐界旅游公司。

　　请运用售后服务相关知识分析该案例。

小知识

　　寄送宣传资料手册、客户生日时寄送生日贺卡、举办开放日活动，这些售后服务手段对增强客户对旅行社的亲近感，提高客户对旅行社的满意度有很大作用。总之，综合运用多样的售后服务手段对旅行社的发展大有好处。

★ 引导问题5：回访应该如何完成？

分组编辑一条回访的短信（包括手机短信、微信或 QQ留言）或一封电子邮件，请其他小组的同学对本组的回访内容打分。

★ 引导问题6：如何处理下面的5起投诉案例？

案例1：游客王先生对北京某旅行社安排的2021年1月25日福建5天4夜游（大人：3 599元/人，小孩：1 999元/人）行程非常不满，其投诉的内容包括：①旅途中得知团费比他人贵100元，旅行社也未对此作出合理解释。②游客所带小孩不足1.2米，所交团费包含了动车费，旅行社表示若小孩不占座，回程后可退还小孩车票费，但回程后旅行社只退还26元，而按票价动车费起码200元。③旅行社服务质量非常差，行程单写明全部住宿标准为四星级酒店，但实际旅行社给游客安排的是招待所，其中两晚住宿的招待所房间没有窗户。④行程结束后向游客索要10元的导游小费。

王先生向该旅行社打电话投诉此事，如果你是旅行社负责售后的工作人员，如何处理此事？

案例2：导游员金先生带领一个境外旅行团在中国内地旅游了三周，一路上，金先生对客人热情友好，服务周到，所有的旅游者对金先生非常满意。美中不足的是在旅途中因为天气不好经常出现航班延误，导致客人经常长时间在机场等候，浪费了客人许多宝贵的时间，有些旅游景点的参观不得不临时取消。旅游团在离开我国之前，有一位客人向金先生进行了口头投诉。他认为组团社的旅游行程安排不妥，主要是乘坐的交通工具（飞机）不能准时起飞，浪费了大家的时间，影响了正常的参观游览。这位客人希望中方旅行社重视这个问题，给所有的旅游者一些物质补偿。没等那个客人讲完，金先生就回答道：作为全陪，他的想法和客人是一样的，谁都不愿意航班延误。天气原因导致航班延误属于不可抗力，旅行社只是作为一个中介机构，对此无能为力。客人很生气，回国后就通过当地旅行社转来了一封投诉信。

如果你是旅行社负责售后的工作人员，如何处理此事？

案例3：2015年3月14日，张女士一行4人在湖南长沙一家旅行社报了团，准备参加25日至30日的云南5晚6日游。在签订旅游合同前，旅行社向张女士等人说明，该旅行团并不是购物团。然而4人到达云南后，情况瞬间产生了变化。"到达昆明后，一位当地导游接待了我们。"张女士说，旅行途中，导游带他们去了许多购物店。每去一站前，导游都会苦口婆心地游说游客们进行消费。"导游一边说当地的产品品质好，一边告诉我们他没有工资，全靠游客消费才有收入。除此之外，游客消费后，导游还要登记消费金额。对于不愿购物的游客，他表示不愿接待。"在导游压力下，张女士等人在大理一家银器店购买了5只银手镯，共计23 530元。然而，等4人回到长沙后，专家的鉴定给他们当头泼了一盆凉水。"我们拿着在大理买的银镯子到一些商场和珠宝店进行鉴定，内行人说我们购买的银器和市价不符，在长沙的珠宝店以一折的价格就能买到。"对于这次购物，张女士等人感到非常气愤，向旅行社打电话投诉。

如果你是旅行社负责售后的工作人员，如何处理此事？

案例4：王先生报名参加济南某旅行社组织的泰国5天游旅游团，出发时因天气问题航班延误十几个小时，导致前两天行程受到影响。王先生投诉称天气问题应当可以预知，旅行社应承担他前两天行程受到影响的损失。

如果你是旅行社负责售后的工作人员，如何处理此事？

案例5：李女士报名参加了2021年1月18日福建某旅行社的海南6天5夜游（通过某酒店旅游宣传单的电话报名，上门签的合同）。她在海南参团游玩时，地陪坚持要求每人必须参加600元以上的自费项目才能入住酒店，李女士要求让其丈夫参加，自己不参加，但地陪仍然不同意。李女士于是要求12301客服人员协助解决。客服人员已代游客向地陪和旅行社了解情况，地陪表示游客团费较低，不能维持成本，只能按公司要求做，旅行社表示会解决好。半小时后，李女士回电表示旅行社同意其丈夫1人参加自费项目（600元）就可以让他们入住酒店。李女士认为基本能接受，表示不投诉。但1月19日早上，李女士再次致电继续投诉，她发现同团的其他游客（与李女士并不是来自同一个旅行社）并没参加交自费项目就可以入住酒店，且当晚其丈夫不忍心妻子在外等候，交了两人费用一共1 200元。李女士要求旅行社退回所交的自费项目费用，并诚恳道歉。

如果你是旅行社负责售后的工作人员，如何处理此事？

小知识

旅行社在提供旅游服务的过程中，免不了会因各种主客观因素招致旅游者的投诉，可能是因旅游接待设施质量引起投诉；可能是因旅途中的故障引起投诉；还有可能是因旅游者自身主观原因引起投诉。旅行社要正确对待旅游者的投诉，因为投诉反映的可能正是旅行社服务的薄弱环节。旅行社如果能充分重视这些投诉，并妥善处理，不但有利于提高旅行社的服务质量，而且为旅行社提供了弥补过失挽回声誉的机会。

● 评价反馈

（1）学生自我评价

学生自评表

班级：	姓名：	学号：	

评价项目	评价标准	分值	得分
社会调查	步骤完整 方案合理 展示得当	10	
分析售后服务的方式	准确分析售后服务的方式	20	
处理顾客投诉	运用原理准确分析案例1、2、3、4、5	20	
工作态度	态度端正，无缺勤、迟到、早退现象	10	
工作质量	能按计划完成工作任务	10	
协调能力	与小组成员、同学之间能合作交流，协调工作	10	
职业素质	能做到细心、严谨	10	
创新意识	案例分析过程中有独到见解	10	
合计		100	

（2）学生互评

学生互评表

评价项目	分值	等级							评价对象（组别）					
									1	2	3	4	5	6
计划合理	10	优	10	良	9	中	7	差	6					
团队合作	10	优	10	良	9	中	7	差	6					
组织有序	10	优	10	良	9	中	7	差	6					
工作质量	20	优	20	良	18	中	14	差	12					
工作效率	10	优	10	良	9	中	7	差	6					
工作完整	10	优	10	良	9	中	7	差	6					
工作规范	10	优	10	良	9	中	7	差	6					
成果展示	20	优	20	良	18	中	14	差	12					
合计	100													

（3）教师评价

教师评价表

班级:			姓名:		学号:	
项目三　旅行社产品营销			典型工作环节五　产品售后服务			
评价项目			评价标准		分值	得分
考勤（10%）			无迟到、早退、旷课现象		10	
工作过程（60%）		社会调查	步骤完整 方案合理 展示得当		10	
		分析售后服务的方式	准确分析售后服务的方式		15	
		处理顾客投诉	运用原理准确分析案例1、2、3、4、5		20	
		工作态度	态度端正，工作认真、主动		5	
		协调能力	能按计划完成工作任务		5	
		职业素质	与小组成员、同学之间能合作交流，协调工作		5	
项目成果（30%）		工作完整	能按时完成任务		10	
		工作规范	能按原理完成计算和案例分析		10	
		成果展示	能准确表达、汇报工作成果		10	
合计					100	
综合评价			学生自评（20%）	小组互评（30%）	教师评价（50%）	综合得分

⌂ 拓展思考题

投诉分为显性投诉和隐性投诉两种。一般来说，旅行社组织的旅游活动完成后，对旅游活动不满意的游客当中，只有极少数会对旅行社进行投诉，而大多数不会选择主动投诉，但是他们可能不会再购买该旅行社的产品，并可能会在多种场合传播对旅行社的不满，这种情形可称为游客的隐性投诉。显然，隐性投诉对旅行社的破坏力极大，直接影响旅行社的公众形象。那么可以采取什么措施消除隐性投诉或者减少隐性投诉的破坏力？

囧 相关知识点

知识点1：旅行社产品售后服务的作用

在目前旅行社间的市场竞争日益激烈的情况下，旅行社产品的售后服务越发显得尤为重要，拥有良好售后服务的旅行社将拥有更多的竞争优势，成为旅行社营销的重要方向。完善的售后服务有助于树立旅行社的良好社会形象，培育旅行社品牌；有助于旅行社了解顾客的需求，了解自己工作的不足，便于以后改进工作；有助于旅行社赢得老顾客的信任，增加更多的回头客。据统计，每100个满意顾客会带来25个新顾客，维持一个老顾客的成本往往是争取一个新顾客成本的五分之一；还有利于旅行社开拓新的客源市场。

知识点2：旅行社产品售后服务的方式

①投诉处理；

②客户回访（电话回访、短信（微信）回访和寄送意见征询单（纸质版或电子版）回访）；

③寄送宣传资料；

④节日、生日祝福；

⑤举办以旅游者为主体的聚会；

⑥组织旅行社开放日活动。

知识点3：处理顾客投诉的注意事项

对于旅行社而言，在处理顾客投诉之前，首先要做到：

①设立专门的旅游投诉部门；

②培养专业素质高的投诉专员；

③了解旅游消费者的心理。

其次，旅行社在处理投诉时应该注意以下几点：

①高度重视并认真对待顾客的投诉；

②尊重并认同顾客的感觉，缓和顾客的不满情绪；

③倾听顾客的诉求，寻求解决方案，切忌与顾客发生争执；

④尽早尽快处理顾客投诉，切忌拖延时间；

⑤将顾客投诉的内容和旅行社的处理方案记录在案，以备核查和总结。

参考文献

［1］赵利民.旅行社经营管理［M］.4版.北京：中国人民大学出版社，2020.

［2］唐卫东.旅行社经营管理［M］.北京：高等教育出版社，2005.

［3］李宝明.旅行社经营管理［M］.北京：经济科学出版社，2004.

［4］陈小春.旅行社管理学［M］.北京：中国旅游出版社，2003.

［5］贺学良.现代旅行社经营管理［M］.上海：复旦大学出版社，2003.

［6］杜江.旅行社经营与管理［M］.天津：南开大学出版社，2001.

［7］邹统钎.旅游景区开发与经营经典案例［M］.北京：旅游教育出版社，2003.

［8］李天元.旅游学［M］.3版.北京：高等教育出版社，2011.

［9］张颖.旅行社计调业务［M］.大连：东北财经大学出版社，2018.

［10］周晓梅.计调部操作实务［M］.5版.北京：旅游教育出版社，2019.

［11］张春莲，盖艳秋.旅行社计调操作实务［M］.北京：中国旅游出版社，2017.

［12］刘建章，刘光荣.旅行社运营管理实务［M］.西安：西北工业大学出版社，
   2010.

［13］孙江虹，马宏丽.旅行社运营与管理［M］.镇江：江苏大学出版社，2014.